EDMOND

ALEXIS MICHALIK

Avec l'aimable permission spirituelle d'Edmond Rostand
et de Savinien de Cyrano de Bergerac

Edmond

Édition revue et corrigée par l'auteur

ALBIN MICHEL

ISBN : 978-2-253-00515-5 – 1re publication LGF

Préface

Edmond, ou la revanche du théâtre

J'avais, depuis plusieurs années, ce rêve un peu fou : raconter au cinéma la triomphale et mythique première de *Cyrano de Bergerac*, en décembre 1897, à Paris.

Quand exactement l'idée m'était venue ? Impossible à dire. Les films sur le théâtre sont rares. Les bons films, encore plus. Bouleversé par *Shakespeare in Love*, je m'étais alors demandé pourquoi personne n'avait raconté en France, avec autant de finesse, d'humour, d'intelligence, la création d'un chef-d'œuvre du théâtre. J'avais vu le film à sa sortie, en 1998, il y a vingt ans, donc.

En relisant *Cyrano* une énième fois, et en parcourant le dossier pédagogique, qui relatait la première aussi triomphale qu'inattendue, le déclic se fit. Ce jeune auteur, vingt-neuf ans seulement, écrivant des alexandrins romantiques à l'époque de Feydeau et Ibsen, déjà dépassé, donc, anachronique, ringard, dont la calvitie avancée trahissait son appartenance à une époque révolue, ce jeune homme, auquel personne n'aurait pu prédire un avenir glorieux avant le 27 décembre 1897, allait devenir mon héros.

J'étais alors comédien, metteur en scène débutant, je découvrais à peine le festival d'Avignon, qui allait devenir mon repaire, mon rendez-vous annuel pour les années à venir, mais déjà je rêvais d'un grand film en costumes, une ode à Cyrano, et par là même au théâtre.

Car la date du 27 décembre 1897 n'est pas anodine. Avant 1800, Paris ne comptait que deux théâtres : la Comédie-Française et celle des Italiens. À partir de 1900, les salles de cinéma pulluleront et deviendront le nouveau divertissement de masse. Entre les deux, nous sommes donc à l'âge d'or du théâtre français, ou parisien, devrais-je dire alors. *Cyrano* est, en quelque sorte, le dernier triomphe théâtral. La pièce n'a rien de résolument moderne, elle n'est pas avant-gardiste, mais parce qu'elle est brillante, drôle, émouvante, héroïque et sublime, elle devient instantanément un classique. Un chef-d'œuvre, donc.

Avant *Cyrano*, il n'a connu que des échecs ou des petits succès d'estime. Après *Cyrano*, il aura la gloire, recevra la Légion d'honneur, sera le plus jeune académicien français, sacré poète national, se construira une demeure versaillaise au Pays basque, mais les deux pièces qu'il offrira à sa patrie, *L'Aiglon* et *Chantecler*, même si elles connaîtront un fort succès en leur temps, n'auront ni le destin ni la postérité phénoménale de *Cyrano*.

Cyrano, anti-héros français par excellence, aimé de tous pour son destin tragique, sa verve et ses faits d'armes, qui résume en un mot l'attitude d'un peuple, mêlant l'arrogance, l'orgueil, l'amour des arts, des lettres et du beau sexe, une défiance pour les succès et un certain fatalisme quant à l'échec inéluctable : *le panache* !

Pour Rostand, c'est différent : le succès, il l'a connu. Avant, il pouvait se retrouver dans ce grand orgueil blessé ; après, il sera passé de l'autre côté, celui des ducs et des héros.

En cette nuit du 27 décembre, il passe de l'ombre à la lumière.

Une foule, persuadée d'assister à un naufrage, finit par quitter la salle à regret, en pleurant, en applaudissant, en scandant le nom du poète et en portant les acteurs en triomphe.

Voilà donc ce que je voulais raconter.

Les quelques semaines qui précédèrent le triomphe de Rostand, alors qu'il n'était encore qu'Edmond.

J'avais consigné par écrit une ébauche de récit, qui gonflait donc à mesure que passaient les années.

Puis, de la manière la plus inattendue qui soit, mes premières pièces connurent un certain succès – ironiquement, c'est à vingt-neuf ans que j'écrivis *Le Porteur d'histoire*, qui se joue toujours alors que j'écris ces lignes, sans commune mesure avec le succès de *Cyrano*, bien sûr.

Ces premiers succès attirèrent sur moi l'attention de certains producteurs de cinéma, qui me demandèrent si je n'avais pas moi-même un rêve cinématographique à raconter.

Ainsi, en 2013, je signai, enfin, avec une production, pour développer le scénario que j'avais en tête depuis si longtemps.

Même si je caressais le doux espoir de le réaliser moi-même, il fallait bien se rendre à l'évidence : pour mener à bien un projet d'une telle ampleur, il fallait un réalisateur plus confirmé. Alors, à mesure que j'écrivais le scénario, nous prospections quelques noms susceptibles d'être intéressés.

Mais au cours des deux années suivantes, tous les réalisateurs contactés déclinèrent l'offre, et toutes les tentatives de financement échouèrent. Le scénario était trop ceci ou cela, le théâtre n'intéresserait personne, le film était trop cher…

Puis, en mars 2015, au cours d'un week-end londonien, j'allai voir quelques comédies musicales, et la brillante adaptation théâtrale de *Shakespeare in Love*. J'en tirai la conclusion immédiate qu'*Edmond* avait tout à fait sa place sur un plateau de théâtre. Bien sûr, il faudrait beaucoup de comédiens – douze, au final – et il faudrait trouver un grand théâtre qui accepte de se lancer dans cette aventure insensée, mais c'était *possible*. Le succès du *Cercle des illusionnistes* m'offrait cette perspective nouvelle, totalement irréaliste et saugrenue trois ans auparavant. Dans le train du retour, j'ouvris mon ordinateur et commençai sur-le-champ ce travail d'adaptation. Immédiatement, tous les défauts du scénario me sautèrent aux yeux : il fallait resserrer le dernier tiers, recentrer sur le triangle amoureux, exprimer mieux certaines répliques, en couper d'autres…

Quelques jours plus tard, avec l'accord bienveillant de ma production, je contactai le théâtre du Palais-Royal. Un vrai théâtre de troupe, à l'ancienne. Une entreprise périlleuse, une folie financière.

Quelques semaines plus tard, nous avions un accord. Quelques mois plus tard, une distribution. Et le 15 septembre 2016, *Edmond* naissait sur les planches.

Dès le lendemain, la billetterie croulait sous les appels. Dans l'année, la pièce était récompensée de cinq Molières. À l'heure où j'écris ces lignes, elle se joue toujours à guichets fermés. Plusieurs équipes de comédiens se relaient et si l'on additionne la tournée et Paris, on approche le millier de représentations.

Quelques jours seulement après la première, la production convint généreusement qu'il serait logique de m'accorder la réalisation du film. Ainsi, grâce à la pièce, je pus enfin toucher du doigt le rêve d'une vie.

Les financements affluèrent et nous partîmes, pas tout à fait cinq cents, réaliser le film en République tchèque, en janvier 2018.

Il va de soi que le scénario fut très fidèle au texte de la pièce. Par conséquent, qui fut à l'origine de quoi ? La pièce, le scénario, le film ? Qui sait ? Qu'importe ?

À l'origine, il y a Cyrano de Bergerac, un poète bretteur du XVIIe siècle.

Puis il y a Edmond Rostand, un jeune poète dépassé qui s'empare de son histoire et la sublime, à la fin du XIXe siècle.

Enfin, il devient lui-même un personnage de fiction, au début du XXIe siècle.

Une triple mise en abyme.

La pièce dans la pièce. La pièce dans le film. Le film dans la pièce.

Merci, Cyrano. Merci, Edmond.

LISTE DES PERSONNAGES

(par ordre d'importance)

Messieurs

Edmond Rostand
Constant Coquelin
Léo Volny
Monsieur Honoré
Jean Coquelin
Ange Floury
Marcel Floury
Georges Feydeau
Georges Courteline
Lucien
Jules Clarétie
Anton Tchekhov
Constantin Stanislavski
Georges Méliès
Antoine Lumière
Maurice Ravel
Le vieux cabot
Le costumier
L'huissier

Edmond

Le réceptionniste
Le directeur
L'employé de la gare
Le chauffeur
Le contrôleur
Le vieux critique
Le spectateur
Le client
Le journaliste
Des acteurs, des spectateurs, des clients, des passants.

Mesdames

Jeanne
Rosemonde Gérard
Maria Legault
Sarah Bernhardt
Jacqueline
Suzon
La vieille actrice
L'habilleuse
La serveuse
Rosine
Marceline
Des actrices, des spectatrices, des clientes, des passantes.

Le narrateur s'avance. Il s'agit de Monsieur Honoré, qu'on découvrira plus tard.

MONSIEUR HONORÉ
Nous sommes à Paris, en décembre 1895.
Il y a cinq ans, l'*Éole* de Clément Ader s'est brièvement envolé. Le mois dernier, un train roulant trop vite est tombé dans la rue par la fenêtre de la gare Montparnasse. Le capitaine Alfred Dreyfus vient d'être accusé d'espionnage, tandis que Félix Faure, président de la République, lançait une offensive pour conquérir Madagascar. Dans trois ans, Louis Renault construira sa première voiture.
Et ce soir, au théâtre de la Renaissance, la grande, l'immense, la sublime Sarah Bernhardt joue pour la première fois une pièce en vers d'un jeune poète inconnu : *La Princesse lointaine*.

1. Théâtre de la Renaissance, décembre 1895

SARAH/MÉLISSINDE, jouant
Oui, dans mes grands jardins, pâles lunairement,
J'écoute murmurer la brise entre les myrtes…
Je vais voguer sur l'eau glauque et lisse de Syrtes,
Où ma belle galère aux flancs ornementés
Mire le jour des fleurs et le soir des clartés.
Et puis, du son des luths que le plectre suscite…
Je donne de l'envol aux vers que je récite.

2. Coulisses

Dans le couloir, Feydeau et Courteline, auteurs de comédies à succès, sortent des cigarettes et cherchent du feu. Un jeune spectateur les rejoint en coulisses : petit, sec, bataillant contre les angoisses et une calvitie précoce, c'est l'auteur, Edmond Rostand. Il a vingt-sept ans.

FEYDEAU
C'est long, mon Dieu, que c'est long !

COURTELINE
… Et c'est en vers ! Quelle idée !

FEYDEAU, *cherchant ses allumettes*
… d'un autre temps. On dirait du mauvais Musset.

(Avisant Edmond :) Ah ! Monsieur ! Avez-vous du feu ?

EDMOND, *s'empourprant*
Euh… Non. Je ne fume pas.

COURTELINE
Laisse, j'en ai.

EDMOND
Vous êtes Messieurs Feydeau et Courteline ?

COURTELINE
Nous sommes démasqués !

FEYDEAU, *à Edmond*
Vous aussi, vous souffrez ? Laissez-moi deviner : vous accompagnez votre femme, c'est ça ?

EDMOND
Euh… C'est ça.

FEYDEAU
Je compatis, douloureusement.

COURTELINE
Et ces décors ! L'argent que ça a dû coûter.

EDMOND
Mais… Sarah Bernhardt ! Elle est fantastique, non ?

FEYDEAU
Elle est toujours fantastique ! Intouchable.

COURTELINE
Comme un monument qu'on n'ose plus visiter.

FEYDEAU
Et le texte ! Qui a bien pu écrire ça ?

EDMOND
Edmond Rostand.

FEYDEAU
Qui ça ?

EDMOND
Rostand. Edmond Rostand.

Les deux critiques se regardent : ils ne connaissent pas.

COURTELINE
Sûrement un vieux baron…

FEYDEAU
Ah ! si, je vois ! Un jeune poète qui n'a fait que des fours.

COURTELINE, *étonné*
Jeune ?!

EDMOND, *tempérant*
Des fours, des fours…

FEYDEAU
Enfin, poète… il faut le dire vite. Allez viens, on va chez Honoré. *(À Edmond :)* Bon courage.

Edmond encaisse dignement.

COURTELINE, *en sortant*
Jeune et déjà ringard.

3. Théâtre de la Renaissance

Les spectateurs sortent de la salle : c'est un demi-échec, Edmond entend leurs impressions : « Ennuyeux… », « J'ai dormi, je crois… », etc. Rosemonde, sa femme, arrive derrière lui et lui saute au cou. Elle porte avec elle un bébé, c'est Jean, leur fils cadet.

ROSE, *lui sautant dessus*
Edmond ! Edmond ! Bravo, mon amour ! Désolé pour Jean, tu sais ce que c'est, il fait ses dents, j'ai fait ce que j'ai pu, mais…

EDMOND
… Ça t'a plu ?

ROSE
Quoi donc ? Ah ! la pièce ! Beaucoup.

EDMOND
Vraiment ?

ROSE, *tâchant d'être sincère*
Mais oui, vraiment ! C'était… c'était… *(ne trouvant pas)* C'était.

EDMOND
C'était ?

SARAH, *faisant irruption*
Edmond ! Mon poète-chéri, tout le monde vous attend !

EDMOND
Nous arrivons, Sarah.

ROSE
Vas-y, toi. Je vais récupérer Maurice et coucher les enfants. Tu ne rentres pas trop tard ? *(Elle part, mais lui lance :)* Ça va marcher, c'est sûr !

> Edmond sourit poliment, attend qu'elle ait disparu pour laisser échapper un soupir.

LE VIEUX CRITIQUE
Une pièce en vers ? Vraiment ?

Edmond se retourne, et tombe nez à nez avec un vieux critique.

LE VIEUX CRITIQUE
Dans cinq ans, nous sommes au XXe siècle. *(S'en allant.)* Musset est mort depuis longtemps, monsieur Rastaing…

EDMOND, *resté seul*
… Rostand ! C'est Rostand !

4. Loges du théâtre de la Renaissance

LE DIRECTEUR
Monsieur Rostand !

C'est le traditionnel « pot de première » : champagne, canapés, pâtisseries…

SARAH, *en faisant trop, comme toujours*
Buvez, buvez, ce soir, c'est la fête !

LE DIRECTEUR, *à part, à Edmond*
Un four, monsieur Rostand ! C'est un four !

EDMOND, *pris d'angoisse*
Mais, monsieur le directeur, la salle était presque pleine !

LE DIRECTEUR
Tous sont invités !

EDMOND, *plein d'espoir*
Ah ?

LE DIRECTEUR
Et tous ont détesté !

EDMOND
Ah.

LE DIRECTEUR
On ferme dans une semaine.

EDMOND, *suant*
Une semaine ? Mon Dieu ! Mais…

LE DIRECTEUR
J'enrage de les voir s'enivrer à mes frais ! *(Avisant un pique-assiette.)* Reposez cette bouteille, vous !
(À Edmond :) Je vous avais bien dit d'écrire une comédie !

5. Façade du théâtre de la Renaissance

Edmond sort du théâtre.
Il se retourne vers la devanture impressionnante de la Renaissance.
Une grande affiche : « *La Princesse lointaine* » annonce : « *Sarah Bernhardt, Lucien Guitry* et *Édouard de Max* dans une pièce d'*Edmond Rostand* » (écrit en tout petits caractères).

UN SPECTATEUR, *sortant*
Mon Dieu, que c'était long !

6. Rues de Paris

Il neige. Edmond erre dans Paris, désemparé. Décorations de fêtes, Noël est passé, le nouvel an approche… Il marche le long des grands boulevards. Il s'arrête devant les vitrines. Plusieurs bateleurs présentent leurs « inventions ».
Boulevard des Capucines, au « Grand Café », un panneau attire son attention : *« Quelque chose que vous n'avez jamais vu ! »*

ANTOINE LUMIÈRE
Entrez, monsieur, entrez ! C'est un franc l'entrée, et je peux vous assurer que vous serez ébloui, ébaubi, sidéré !

7. « Grand Café » / Salon indien

Une trentaine de personnes sont assises. Edmond s'assied à côté d'un homme de son âge, bien habillé, portant une barbiche.

MÉLIÈS
On se connaît, non ?

EDMOND
Euh… Peut-être.

MÉLIÈS
Georges Méliès. Je dirige le théâtre Robert-Houdin.

EDMOND
Ah oui… Edmond Rostand. Je suis auteur.

MÉLIÈS
« Rostand. » *(Après un instant de réflexion :)* Non, j'ai dû confondre.

EDMOND
Savez-vous de quoi il s'agit ?

MÉLIÈS
Vaguement… Les frères Lumière présentent un appareil photographique qui permet de recueillir, par des séries d'épreuves instantanées, tous les mouvements, qui, pendant un temps donné, se sont

succédé devant l'objectif, et de reproduire ensuite ces mouvements en les projetant sur un écran. Vous comprenez ?

EDMOND
Euh…

La lumière s'éteint, Edmond assiste, fasciné, à la première projection mondiale du cinématographe : *La Sortie de l'usine Lumière, à Lyon.*

8. Appartement d'Edmond

Edmond, bouleversé, rentre chez lui. Un modeste appartement, dans le XVIIe arrondissement parisien, alors en pleine construction.

ROSE
… Où étais-tu ? Il est presque deux heures !

EDMOND, *se calant devant son bureau*
La Princesse lointaine est un four. Je suis un poète raté.

ROSE
Mais non…

EDMOND
Mais si. Mais tout cela importe peu, car dans dix ans il n'y aura plus de théâtre.

ROSE
Pardon ?

EDMOND
Il n'y aura que des… « salles de projection de vues animées ». Il faudra trouver un nom plus court.

ROSE
Edmond, tu as bu ?

EDMOND
Tu sais bien que je ne bois pas. Les enfants dorment ?

ROSE
Non, ils jouent au piquet. Bien sûr qu'ils dorment !

EDMOND
Comment allons-nous faire, Rosemonde ? Nous avons déjà du mal à payer le loyer, comment allons-nous élever deux enfants à Paris, la ville la plus chère du monde ?

ROSE
La plus chère, peut-être. La plus belle, sûrement. Comment allons-nous faire ? Eh bien ! moi, je vais te faire une verveine, et toi, tu vas t'asseoir à ton bureau, saisir ta plume et écrire un chef-d'œuvre.

EDMOND
Mais… Je…

Rosemonde l'embrasse sur la bouche, puis :

ROSE
Bonne nuit, mon « poète-chéri ».

Elle sort du bureau.
Edmond soupire, avale une pilule, et se retrouve devant la page blanche.
Il tente d'écrire, mais il rature, raye, jette le papier à la poubelle.
Les jours passent sans qu'il retrouve l'inspiration…

EDMOND, *écrivant*
« Un petit salon bourgeois. Un mari, une femme, un amant. »
(Il froisse la feuille.)
Merveilleux, Edmond, tu ne feras rire que la critique.
« C'est le matin dans la basse-cour, et Chantecler, le coq, s'apprête à célébrer le soleil qui… »
(Il s'arrête.)
Une basse-cour. Un coq. Edmond, ressaisis-toi !
(Il se remet à écrire.)
« Papa, c'est avec honte et fierté muselée
que je t'écris péniblement afin de te demander… »
(Froissant la lettre.) Un pied de trop.

ROSE
Edmond, c'est une lettre à ton père ! Il se fiche que tu ajoutes ou oublies un pied, juste demande-lui de l'argent !

EDMOND
Oui ! Oui ! Pardon !

Puis les semaines passent, les mois, et ainsi deux années…

9. Appartement d'Edmond, décembre 1897

Deux ans plus tard, donc, chez Edmond. Il est à deux doigts de la dépression. Rose est épuisée. Autour du poète s'empilent les feuilles de papier froissées.

ROSE, *entrant dans son bureau*
Edmond, je descends chez l'épicier.

EDMOND, *absent*
Oui, oui.

ROSE
Edmond. Je descends chez l'épicier.

EDMOND, *comprenant*
Ah !… De l'argent ? Sur la cheminée.

ROSE, *secouant la tête*
Plus rien.

EDMOND, *fouillant son tiroir*
Je dois avoir vingt francs quelque part.
(On sonne à la porte, tandis qu'Edmond continue de fouiller.)
… J'ai dû les prêter à Léo. Au fait, j'ai promis d'aller boire un verre avec lui, ce soir…

On sonne de nouveau.

ROSE, *soupirant*
Je demanderai crédit. Encore.

EDMOND
L'inspiration viendra, Rose ! Elle viendra !

Elle ouvre la porte et tombe nez à nez avec Sarah Bernhardt, en grande livrée.

ROSE
Sarah.

SARAH, *écartant les bras*
Rachel !

ROSE
Rosemonde.

SARAH, *l'enlaçant*
C'est ça. Mon petit poète est là ?

ROSE
Vous n'étiez pas en Amérique ?

Sarah entre dans l'appartement comme si c'était le sien.

SARAH, *cherchant Edmond*
J'y étais, je suis revenue, je repars demain !
(Appelant :)
Edmond ?

ROSE, *fort*
Edmond, Sarah est là !

Le nom de « Sarah » réveille Edmond comme un coup de tonnerre.

EDMOND, *pour lui-même*
Sarah ?

Il balaie d'un coup tous les papiers, tente de faire un peu de ménage, mais Sarah fait irruption dans le bureau :

SARAH, *ouvrant la porte en grand*
Poète-chéri !

EDMOND

Sarah ! *(Elle l'enlace maternellement.)* Sarah, j'ai justement une pièce pour vous, vous seriez merveilleuse… en Napoléon II !

SARAH

Oui, oui, j'adorerais, bien sûr, mais je n'ai pas le temps !

EDMOND

Mais…

SARAH, *s'installant*

Non, aujourd'hui, je ne viens pas pour moi. D'abord je viens pour vous, cher poète, prendre de vos nouvelles, sont-elles bonnes ?

EDMOND

Eh bien, je…

SARAH

J'en étais sûre ! Et puis, je viens pour Coquelin, le grand Coquelin !

EDMOND

Constant Coquelin ?

SARAH

Lui-même. Il cherche toujours des pièces à jouer, c'est un ogre, d'ailleurs il mange trop. Je lui ai parlé de vous, il a beaucoup aimé *La Princesse lointaine*.

EDMOND, *sceptique*

Vraiment ?

SARAH

Alors voilà, je m'interpose et deux génies se rencontrent. Aurais-tu quelque chose à lui proposer ?

EDMOND, *mentant*

… Bien sûr.

SARAH, *repartant déjà*

Formidable, je t'ai réservé une place pour *Thermidor*, à la Porte-Saint-Martin, dans lequel il joue. Tu le rencontreras à l'entracte.

EDMOND

Mais quand ?

SARAH, *passant la porte*

Cet après-midi. Éblouis-le ! *(À Rosemonde :)* Au revoir, Roseline.

Edmond referme la porte.

ROSE, *pour elle-même*

… monde. Rosemonde.

EDMOND, *terrorisé*
Cet après-midi ? Mais c'est beaucoup trop court !

ROSE
Pense à nos dettes !

EDMOND, *retournant à son bureau*
Je n'ai rien écrit en deux ans, comment puis-je trouver un sujet en deux heures ?

ROSE
Je ne sais pas, Edmond, improvise !

10. Brasserie « Chez Honoré »

Edmond va au théâtre, le carnet à la main. Il parle tout haut, tout en marchant :

EDMOND, *pour lui-même*
Improvise, improvise… Bien. Où se passe l'action ? Je ne sais pas. Quand se passe l'action ? Je ne sais pas. Quel est le sujet ?
(Désespéré)
Ah ! mon Dieu, mon Dieu…

Il se réfugie dans un café : la brasserie « Chez Honoré ». C'est une grande brasserie parisienne, dont le gérant est Monsieur Honoré, un grand

Noir d'une cinquantaine d'années, fils d'esclave affranchi, adopté par un patron de café, dont il a hérité à sa mort.

EDMOND, *pour lui-même*

C'est une tragédie. Pourquoi ? Parce que je ne suis pas drôle, voilà. En vers. Pourquoi ? Parce que je ne sais pas écrire en prose. C'est une pièce… historique ? Historique ! Une… une fiction réaliste. C'est la vie d'un personnage ayant réellement existé, mais librement fantasmée. Oui ! Un grand homme. Glorieux, fier, beau !

LE CLIENT, *off, hélant*

Bon, alors ! Ce ballon de rouge, il vient ?

Honoré lui apporte son ballon de rouge. Edmond est plongé dans son carnet vide.

MONSIEUR HONORÉ

« La patience adoucit tout mal sans remède », cher ami.

LE CLIENT

Voyez-vous ça ! Un nègre qui sait parler !

Dans le café, les serveurs s'arrêtent de servir. Scène de western.

MONSIEUR HONORÉ
J'ai dû mal entendre. Mon oreille me joue parfois des tours.

LE CLIENT
Quoi ? J'appelle un chat un chat, et un nègre un nègre.

Honoré pose son torchon sur la table du client.

MONSIEUR HONORÉ
« Nègre ? » C'est tout ?

LE CLIENT
Mais je…

MONSIEUR HONORÉ
C'est un peu court, jeune homme ! Vous auriez pu dire… voyons, tel un géographe : « Africain, Antillais, créole ». Tel un peintre : « marron, mélanoderme, moricaud ». Ou tout simplement « Noir », si vous aviez eu la sobriété, l'élégance ou simplement le vocabulaire qu'un homme entrant dans mon café se doit d'avoir.

Rires étouffés dans le café.

LE CLIENT
Je…

MONSIEUR HONORÉ
Ne l'ayant pas, je me vois, par conséquent, dans l'obligation de vous indiquer la porte.

Le client déglutit. Tous les regards sont braqués sur lui.

LE CLIENT
Mais je…

MONSIEUR HONORÉ, *rugissant*
LA PORTE !

Le client s'est levé d'un coup. Il sort sans demander son reste, sous les sifflements des autres clients. Honoré saisit le ballon.

MONSIEUR HONORÉ
Quand le vin est tiré, il faut le boire. Qui veut en profiter ?

Quelques clients lèvent leurs verres en riant, Honoré va à leur rencontre.
Edmond, à sa table, en reste pantois.

EDMOND, *pour lui-même*
Il n'est pas beau, il est laid !

MONSIEUR HONORÉ
Plaît-il ? Qui est laid ?

EDMOND
Personne ! Un personnage, mais qui n'existe pas ! Je cherche mon sujet…

MONSIEUR HONORÉ
Et vous êtes inspiré par ma laideur ?

EDMOND
Oui… Enfin non ! Je suis inspiré par votre repartie !

Monsieur Honoré sourit, s'approche d'Edmond.

MONSIEUR HONORÉ, *voyant ses notes*
Vous êtes écrivaillon ?

EDMOND
Poète. Enfin, poète déjà raté, à ce qu'il paraît.

MONSIEUR HONORÉ
Un poète qui a de la dérision ! Le voilà, votre héros.

EDMOND
Mais oui ! Superbe dans la défaite, merveilleux dans l'échec, en un mot…

MONSIEUR HONORÉ
… Français !

EDMOND
Et brillant duelliste !

MONSIEUR HONORÉ
Aussi bon rimailleur qu'escrimailleur !

EDMOND
Mais laid ! Afin qu'à personne il n'ose ouvrir vraiment son cœur.

MONSIEUR HONORÉ
Je crois que je vois bien le genre de personnage auquel vous pensez…

EDMOND
Il doit bien exister ! Voyons, XVIIe siècle ? Un mousquetaire ?
Un d'Artagnan artistique…

MONSIEUR HONORÉ, *euréka*
Mais oui ! Hercule de Savinien…

EDMOND
… de Cyrano de Bergerac !

MONSIEUR HONORÉ
L'écrivaillon connaît ses classiques !

EDMOND
Mais vous-même, comment est-il possible ?

MONSIEUR HONORÉ
De mon père adoptif, j'ai conservé deux choses :

ce café et son amour de la rime et la prose.

EDMOND
Et vous faites des vers ! Mais qui êtes-vous, monsieur… ?

MONSIEUR HONORÉ
Honoré ! Comme le café ! Eh oui !

EDMOND
Edmond Rostand ! Enchanté. Et merci !

11. Théâtre de la Porte-Saint-Martin

Représentation de *Thermidor*, de Victorien Sardou. La pièce prend place pendant la Révolution française.

COQUELIN / LABUISSIÈRE, jouant
À présent, la pièce est commencée.
Dans un long frémissement de l'auditoire, le glacial Saint-Just est monté à la tribune, et il parle, impassible, à la façon du chœur antique…

JEAN / MARTIAL, jouant très mal
Ah ! bon Dieu ! À quoi tiennent les destinées d'un peuple ?
Mais que faut-il donc pour abattre ce tyran ?

Jean est un grand gaillard, gras et ampoulé, qui dit les mots sans aucune subtilité.
On découvrira plus tard qu'il s'agit du fils de Coquelin.

LUCIEN

ENTRACTE, mesdames et messieurs, ENTRACTE !

12. Coulisses du théâtre de la Porte-Saint-Martin

Entracte de *Thermidor*. Les acteurs et les actrices courent dans tous les sens, se changent, s'activent. Lucien, le régisseur du théâtre, traverse le plateau.

LUCIEN

Dix minutes ! On reprend dans dix minutes !

UNE ACTRICE, *à Lucien*

Lucien, je ne trouve pas ma perruque !

LUCIEN

Dans ta loge, Adèle !

UN ACTEUR

Lucien, ma moustache se détache…

LUCIEN, *notant*
Colle à moustache, c'est noté. Mademoiselle Guibert, plus fort ! On ne vous entendait pas au paradis ! Neuf minutes !

EDMOND, *arrivant en courant*
Monsieur ! Je viens voir Coquelin ! Je suis auteur !

LUCIEN
Vous avez bien rendez-vous avec lui ? Le dernier qui a essayé de s'introduire en douce, il en a fait de la charpie. *(Frappant à la porte de sa loge.)* Monsieur Coquelin ?

COQUELIN, *rugissant derrière la porte*
QUOI ENCORE ?

EDMOND, *apeuré*
Je crois avoir rendez-vous, mais maintenant que vous le dites…

LUCIEN, *à Edmond, pas rassuré*
Allez ! Allez-y !

13. Loge de Coquelin

Edmond pénètre timidement dans la loge. Coquelin, ogre attachant, capitaine de navire théâtral, est aux prises avec Ange Floury, un Corse d'une soixantaine d'années, petit et sec, accompagné de Marcel Floury, son frère, massif.

EDMOND

Monsieur Coquelin, je…

COQUELIN, *aux Floury*

Ah ! messieurs, veuillez m'excuser, j'ai un rendez-vous de la plus haute importance avec monsieur que voilà…

EDMOND

Oh, inutile de…

COQUELIN, *à Edmond, obséquieux*

Entrez, entrez, installez-vous.

ANGE

Très bien, Coq, on s'en va mais ne nous oublie pas ! *(Menaçant.)* Parce que nous, on ne t'oubliera pas.

COQUELIN, *cordial*

Demain, sans faute. J'aurai l'argent.

MARCEL, *intimidé*

Et bravo pour la pièce.

ANGE

Marcel ! Viens !

Coquelin referme la porte sur eux et reprend sa superbe.

COQUELIN, *à Edmond*
Les Floury, des investisseurs. Que voulez-vous, c'est la crise…

EDMOND, *protestant*
La crise ? Mais la salle est pleine !

COQUELIN
… d'invités. Qui êtes-vous ?

EDMOND
Edmond. Rostand.

COQUELIN, *se remaquillant*
Coquelin. Constant.

EDMOND
Je suis l'auteur de…

COQUELIN
La Princesse lointaine, je sais. Trop long, ce quatrième acte. Luxe inutile, distribution coûteuse. Et puis c'est déprimant, tout ça, faites une comédie ! Comme Feydeau ! *(Edmond soupire.)*
Car c'est chose suprême d'aimer sans qu'on vous aime,

EDMOND

D'aimer toujours, quand même, d'une amour incertaine…

Edmond lève la tête : il vient de reconnaître des vers de *La Princesse lointaine.*

EDMOND

Vous vous en souvenez ?

COQUELIN

Oui. Je me souviens toujours de ce qui est joli.

LUCIEN, *entrant*

Deux minutes, monsieur Coquelin.

COQUELIN

Merci, Lucien. *(À Edmond :)*
Alors, votre pièce ? Comédie ? Tragédie ? Vous avez deux minutes.

ROSTAND

Tragédie. *(Regard noir de Coquelin.)* Comédie.

COQUELIN

Bien ! Le titre ?

EDMOND

Hercule… *(Coquelin grimace.)* Savinien… *(Coquelin secoue la tête.)*
Cyrano ? *(Pas de réaction.)* Cyrano. De Bergerac.

COQUELIN
Mon rôle ?

EDMOND
Cyrano.

COQUELIN
Très bien ! Qui est-ce ?

EDMOND
Un… poète. Fin bretteur. Avec…

COQUELIN
Avec ?

EDMOND
… une laideur…

COQUELIN
Laideur ?

EDMOND
Enfin laideur ! Disons une… un… *(S'enfonçant.)* un… grand…
(Il aperçoit, posé sur la table, un masque de commedia dell'arte, au nez proéminent.) … nez.

COQUELIN
Un grand… nez ?

EDMOND
Énorme, une protubérance, un…

Coquelin saisit le papier froissé que tient Edmond.

COQUELIN
Qu'est-ce que c'est ? Le texte ?

EDMOND
Euh… Un début de tirade ! La pièce n'est pas écrite.

COQUELIN
Pas écrite !? (Il lit, puis marmonne le texte.)
Ah ! Non ! C'est un peu court, jeune homme !
On pouvait dire… oh ! Dieu !… bien des choses en somme…
En variant le ton – par exemple, tenez…

Il n'y a rien d'autre écrit. Il regarde Edmond.

EDMOND, *improvisant*
C'est le… sur le… *(Montrant son nez.)* Par exemple, tenez… par exemple, tenez, euh… (Improvisant.)
Agressif : « Moi, monsieur, si j'avais un tel nez,
Il faudrait sur-le-champ que je me l'amputasse ! »

COQUELIN, *sceptique*
« … putasse. »

LUCIEN, *revenant*

Monsieur Coquelin, le rideau doit se lever.

COQUELIN, *s'habillant*

J'arrive, j'arrive… *(À Edmond :)* C'est tout ?

EDMOND, improvisant, voyant une peinture de montagne

Descriptif : « C'est un roc !… c'est un pic… c'est un cap !…
Que dis-je, c'est un cap ?… c'est une péninsule ! »

COQUELIN

… Encore ?

EDMOND, improvisant, voyant une cage à oiseaux

Gracieux : « Aimez-vous à ce point les oiseaux
Que paternellement vous vous préoccupâtes
De tendre ce perchoir à leurs petites pattes ? »

COQUELIN

Ha ! *(Il met son chapeau.)* Emphatique ?

EDMOND, *coincé*

Emphatique. Emphatique, emphatique, emphatique…

Coquelin ouvre une fenêtre, le vent s'engouffre dans la loge.

EDMOND, improvisant
Emphatique : « Aucun vent, ne peut, nez magistral,
T'enrhumer tout entier, excepté le mistral ! »

COQUELIN, *s'esclaffant*
Le mistral ! Ce Cyrano est donc gascon ?

EDMOND
Oui ! Et fier ! Combatif, fin bretteur. Mais le cœur sur la main.

LUCIEN, *insistant*
Monsieur Coquelin ?

COQUELIN, *rugissant*
J'ARRIVE !

Il sort de la loge, texte en main, suivi par Edmond.

14. Coulisses de la Porte-Saint-Martin

Coquelin arpente les couloirs, allant vers la scène.

COQUELIN, *marchant*
Dramatique ?

EDMOND
Euh… Dramatique… (Improvisant, croisant un acteur blessé.)
C'est la mer Rouge quand il saigne !

COQUELIN, *marchant*
Admiratif ?

EDMOND, improvisant, croisant une précieuse qui se parfume
Pour un parfumeur, quelle enseigne !

COQUELIN, *marchant*
Lyrique !

EDMOND, improvisant, croisant un acteur qui boit de l'eau
Est-ce une conque, êtes-vous un triton ?

COQUELIN, *marchant*
Naïf ?

EDMOND, improvisant, voyant le théâtre
Ce monument, quand le visite-t-on ?

COQUELIN, *marchant*
Militaire !

EDMOND, improvisant
Pointez contre cavalerie !

COQUELIN, *marchant*
Pratique ?

EDMOND, improvisant
Voulez-vous le mettre en loterie ?
Assurément, monsieur, ce sera le gros lot.

Coquelin s'arrête au bord du plateau, prêt à entrer en scène.

LUCIEN, *faisant signe de parler moins fort*
Monsieur Coquelin…

COQUELIN, *le repoussant d'un geste*
Oui, oui… *(À Edmond :)*
Acte un : présentation du personnage.
Acte deux : point culminant de l'intrigue.
Acte trois : fin heureuse. Trois actes.

(Et il entre sur scène en déclamant :)
« Ah ! Tavernier ! Eh bien, en voilà, une affaire ! »

EDMOND, *resté seul, soudain pris d'angoisse*
… Trois actes ?

15. Cabaret du « Moulin-Rouge »

Le « Moulin-Rouge », en 1897, est un endroit de stupre et de luxure : une musique lancinante est jouée par une petite formation, tandis que des jeunes et jolies serveuses évoluent en petite tenue entre les tables, éclairées faiblement à la bougie.
Edmond partage une table avec son ami Léo Volny, trente ans. Ami d'Edmond, jeune comédien célibataire, dandy bohème et beau garçon, Léo est l'antithèse d'Edmond.

LÉO
Trois actes ! Pour Coquelin ! Mais c'est magnifique !

EDMOND
Non, ce n'est pas magnifique, c'est horrible.

LÉO, *se levant*
Edmond, personne ne te connaît, tu n'as fait que des fours et Coquelin te commande une pièce ! Champagne !

EDMOND, *le retenant*
Léo, d'abord il y a des gens qui me connaissent, pas beaucoup mais tout de même, et puis pas de champagne, à moins que tu aies les moyens de te l'offrir.

LÉO, *se rasseyant*
Alors pas de champagne ! Il y a un rôle pour moi, j'espère !
... Un beau garçon, dandy, pas forcément très intelligent ?

EDMOND
Léo, il n'y a pas de pièce ! Et qu'est-ce que c'est que cet endroit ?!

LÉO
... Ça ne te plaît pas ?

EDMOND
J'ai dit à Rosemonde que je t'accompagnais boire un verre, pas que tu m'amenais dans un lupanar !

LA SERVEUSE, *arrivant*
Bonsoir, messieurs.

LÉO, *à la serveuse*
Bien le bonsoir, mademoiselle.

EDMOND, *découvrant la tenue de la serveuse*
Oh ! mon Dieu !

LA SERVEUSE
Vous savez ce que vous voulez ?

EDMOND, *marmonnant*
Rentrer chez moi.

LÉO, *s'asseyant*
Je vais vous prendre une absinthe.

EDMOND, *s'asseyant*
… Une verveine.

Léo et la serveuse regardent Edmond, atterrés.

EDMOND, *sur la défensive*
Quoi ? Je ne bois pas d'alcool !

Léo fait signe à la serveuse : « Que peut-on y faire ? »

LA SERVEUSE, *repartant*
Une absinthe et une verveine.

LÉO
Moi aussi, j'ai une bonne nouvelle : je suis amoureux ! Fou !

EDMOND, *ironique*
… Pour changer.

LÉO
Cette fois, c'est sérieux ! Une petite habilleuse, belle comme le vent.

EDMOND, *ironique*
La fameuse beauté du mistral…

LÉO
Je l'ai invitée à partager un verre, mais la demoiselle est farouche. Elle n'accepte de venir qu'avec une amie.

EDMOND
Deux pour le prix d'une. Quand la vois-tu ?

LÉO
Ce soir.

On entend le « Galop infernal » d'*Orphée et Eurydice* (Offenbach) qui commence.

EDMOND
Ce soir ? *(Comprenant.)* Oh ! non. Léo, non.

LÉO
Son amie te plaira : elle porte des lunettes, c'est qu'elle sait lire. Vous allez pouvoir avoir une conversation bien ennuyeuse, comme tu les aimes !

EDMOND, *se levant*
Léo, je suis marié ! Et j'ai une pièce à écrire !

LÉO, *le retenant*
Les voilà qui arrivent. Tu fais ça pour moi. Au nom de l'amour, Edmond !

EDMOND, *paniqué*
Ne m'appelle pas Edmond ! Si Rosemonde apprend que j'étais ici… avec des femmes…

LÉO
Bien, bien ! Comment dois-je t'appeler ?

EDMOND, *paniqué*
Quelque chose de simple. Dorante… ou Valère… ou Arnolphe.

Léo lève les yeux au ciel, puis fait signe aux deux jeunes filles, qui les rejoignent. Jeanne est d'une éclatante petite beauté naturelle. Son amie, Jacqueline, est en revanche une grande perche snob, comme on pouvait s'y attendre.

LÉO
Mesdemoiselles, bonsoir. *(Leur baisant la main.)* Jeanne. Jacqueline. *(Se tournant vers Edmond.)* Voici mon ami… *(Edmond ouvre grands les yeux.)* … Georges.

JACQUELINE, *du tac au tac*
Georges ? Comme Feydeau ? J'adooore Feydeau !

LÉO, *montrant Edmond*
Ça alors ! C'est lui !

JACQUELINE
Non ?!

EDMOND
Non.

JEANNE
Il te taquine, Jacqueline.

LÉO, *à Edmond*
Tu vois ? Vous êtes faits pour vous entendre ! Allez, on va danser !

Edmond fusille Léo du regard. La musique monte : un french cancan démarre.
Jeanne danse avec Léo. La serveuse revient avec l'absinthe et la verveine.

LA SERVEUSE, *à Jacqueline*
Qu'est-ce que vous prenez ?

JACQUELINE, *à Edmond*
Vous offrez, Georges ?

EDMOND
Hein ? Euh… oui, oui…

JACQUELINE, *à la serveuse*
Du champagne !

EDMOND, *regrettant déjà ses mots*
Du champagne ?

LA SERVEUSE
Deux coupes ?

JACQUELINE
Une bouteille ! Merci.

EDMOND, *avalant une pilule avec sa verveine*
Une bouteille… Et donc, Jacqueline… vous… vous aimez le théâtre ?

JACQUELINE
Non, pas vraiment ! Je préfère les romans.

EDMOND, *renfrogné, à la serveuse qui passe*
Et une autre verveine, s'il vous plaît.

JACQUELINE
… La comédie, à la limite. Rien de trop sérieux.

LÉO, *revenant à eux*
Jacqueline, sur la piste ! C'est un ordre de Jeanne !

JACQUELINE, *se levant, amusée*
Ah, si c'est un ordre…

JEANNE
Vous ne dansez pas, Georges ?

EDMOND, *secouant la tête*
Non, merci. Je vous épargne ce spectacle.

LÉO, *forçant Edmond à se lever*
Il plaisante. Il adore danser !

EDMOND, *résistant*
Pas du tout… Lâche-moi, Léo… Non… Non…

Le french cancan reprend de plus belle. Tout le monde danse. Edmond tente de s'extirper discrètement, mais il est chaque fois rattrapé par la masse. Final, applaudissements.
Ils se rassoient. Edmond reprend son souffle, épuisé.

JEANNE
Merci, Léo, cela faisait longtemps. Ça va, Georges ?

Edmond, rouge, fait signe que tout va bien.

LÉO
Georges est plus doué pour la discussion.

JEANNE
Ah ? *(À Jacqueline :)* De quoi parliez-vous ?

JACQUELINE, *levant les yeux au ciel*
De théâtre.

JEANNE
J'adore le théâtre ! Mais Jacqueline déteste tout ce que j'aime : la poésie. Les vers.

EDMOND, *amusé*
Ah ? Vous êtes une romantique ?

JEANNE
… Absolue ! Je suis née un demi-siècle en retard. J'aurais voulu être actrice en 1850 ! Jouer Marianne, jouer Camille, Marguerite Gautier !

JACQUELINE
Tout ce qui m'horripile ! Ces stéréotypes féminins de grandes tragédiennes…

JEANNE
Alors, aujourd'hui, je me contente de les habiller ! Mais toi, Léo ! Quelle chance tu as de fouler les planches !

LÉO
Oui, c'est certain… même si en ce moment je bats plutôt le pavé !

EDMOND, *à Jeanne*
Et le théâtre moderne… ?

JEANNE, *revenant à Edmond*
Oh ! non, pas le théâtre moderne… Ibsen, Strindberg, la barbe ! André Antoine, je pourrais me pendre ! Il n'y a qu'un seul auteur qui trouve grâce à mes yeux. Un poète, un vrai ! C'est Edmond Rostand. *(Edmond s'étrangle presque en buvant sa verveine.)* Vous connaissez ?

EDMOND
… Vaguement.

LÉO, *amusé*
C'est un peu ronflant, ce qu'il écrit, non ?

EDMOND, *à Léo, grondeur*
Ronflant ?

JACQUELINE
Ronflant, oui ! C'est ce que je me tue à lui dire.

JEANNE
Ronflant ? C'est magnifique !

Les plus beaux yeux pour moi sont des yeux pleins de larmes.

EDMOND
Ah ! vous connaissez ?

JEANNE
Par cœur ! Je n'aimerais rien tant que le rencontrer.

EDMOND, *flatté*
Eh bien, dans ce cas…

JEANNE
Je l'imagine beau, grand, des boucles blondes qui retombent sur son front de burgrave…

EDMOND, *stoppé net*
Ah.

LÉO
C'est tout à fait lui !… À ce qu'on m'a dit.

On entend des grandes exclamations : Feydeau vient d'entrer, discutant et riant, accompagné de Courteline.

JACQUELINE
Qui est-ce ?

LÉO
Eh bien ! Quand on parle du loup…

EDMOND
Courteline et Feydeau. Les deux Georges.

JEANNE, *finissant son verre en vitesse*
Feydeau ! Il ne doit pas me voir ici ! *(S'expliquant.)* Je travaille au Palais-Royal. Là où « triomphe » *Le Dindon*…

JACQUELINE
Oh, *Le Dindon* ! J'ai a-do-ré…

JEANNE, *quittant la table discrètement*
Et je devrais justement y être, au travail… Jacqueline ?

JACQUELINE, *la suivant à regret*
J'arrive…

JEANNE, *jetant un billet sur la table*
Tenez ! Pour ce que nous avons bu.

LÉO, *protestant*
Mais non…

JEANNE, *s'éclipsant*
J'insiste ! Merci pour la danse.

Les deux filles disparaissent en restant baissées, pour ne pas être vues.
Léo et Edmond restent seuls.

LÉO
Tu vois, je me trompais : tu as *une* admiratrice.

FEYDEAU, *interpellant Edmond*
Edmond Rostand !

COURTELINE
Et Léonidas Volny !

EDMOND
Georges.

LÉO
Georges.

FEYDEAU, *à la cantonade*
Ah ! Rostand… Le petit protégé de maman Sarah…

COURTELINE
Son insuccès, ses angoisses, ses vers ampoulés qui viennent d'un autre siècle.

FEYDEAU
Cela fait combien de temps qu'il n'a rien créé ?

COURTELINE
À peu près autant que Volny n'a pas joué !

EDMOND, *se levant*
Partons, Léo.

LÉO
Volny a un nouveau projet, mesdemoiselles. Que Rostand écrit. Avec Coquelin dans le rôle-titre !

FEYDEAU
Coquelin ? Dans une tragédie en vers ?

LÉO, *tiré par Edmond*
C'est une comédie !

EDMOND
Léo…

COURTELINE
Le grand Rostand s'abaisse à la comédie ?

EDMOND, *en partant*
Adieu, Georges, adieu !

FEYDEAU
Embrasse ta femme pour moi, Edmond !

LÉO, *à Feydeau*
La tienne n'est toujours pas rentrée, je crois ?

Edmond le tire vers la sortie. En passant, il retient une serveuse.

EDMOND, *à la serveuse*
Mettez notre note sur le compte de M. Feydeau – voyez, c'est un ami.

16. Sortie du « Moulin-Rouge »

Léo et Edmond débouchent dans la rue.

EDMOND, *en colère, avalant une pilule*
Ah ! les chameaux ! Ils n'ont pas le triomphe modeste…

LÉO
Tout ça parce qu'ils ont du succès, de l'argent et du talent !

EDMOND, *à lui-même*
N'importe qui peut écrire une comédie en prose ! N'importe qui !

LÉO
N'importe qui, oui. Mais pour en faire un succès… *(Les deux hommes se regardent et soupirent.)* Bonne nuit, mon Edmond. Et ne t'en fais pas, va ! Tu n'es pas n'importe qui, tu es le poète préféré de ma future femme !

17. Appartement d'Edmond

Le soir même, Edmond rentre dans la chambre, discrètement, et se déshabille.
Rose est déjà au lit.

ROSE
Où étais-tu ?

EDMOND
Avec Léo. Dors.

ROSE, *après un temps*
Où étiez-vous ?

EDMOND
Est-ce que je m'en souviens, seulement ? Un de ces cafés qu'il affectionne… Mais dors donc.

ROSE
Il y avait des femmes ?

EDMOND, *entrant dans le lit*
… Enfin, Rose, pourquoi veux-tu qu'il y ait des femmes ?

ROSE
Il y avait Léo, donc il y avait des femmes.

EDMOND, *après un soupir*
Eh bien, oui, là, il y avait des femmes. Des serveuses, des danseuses et beaucoup trop de bruit.

ROSE, *après un temps*
… Et ton rendez-vous avec Coquelin ?

EDMOND, *se relevant soudain*
Oh ! mon Dieu, Coquelin !

ROSE
Eh bien ?

EDMOND
Il m'a commandé une pièce. En trois actes.

ROSE
Mais c'est merveilleux !

EDMOND
Merveilleux, peut-être… Sauf que je n'en ai pas écrit une ligne !

ROSE
Et tu vas t'y mettre au milieu de la nuit ?

EDMOND, *se recouchant*
Non. Bien sûr, tu as raison. Je m'y attelle demain.

ROSE, *après un temps*
… Et donc, ces danseuses, elles étaient jolies ?

EDMOND
Des danseuses ? Qui a parlé de danseuses ? Tu as dû mal entendre.

ROSE, *pas dupe*
… Oui. J'ai dû mal entendre…

EDMOND, *après l'avoir embrassée*
Bonne nuit, ma Rose.

18. Appartement d'Edmond, 5 décembre

On sonne à la porte, au petit matin, avec insistance. Rosemonde et Edmond se réveillent en sursaut. Edmond se lève, va à la porte, en chemise de nuit. Il ouvre : c'est Coquelin.

COQUELIN, *tout guilleret*
La Comédie-Française !

EDMOND
Pardon ?

COQUELIN
Nous allons proposer la pièce à la Comédie-Française !

EDMOND, *bouche bée*
Mais quelle heure est-il ?

COQUELIN, *entrant*
Ce sera mon grand retour dans la maison. Distribution prestigieuse, faste des costumes et ornements… Il est huit heures.
(Consultant sa montre.)… Moins le quart.

EDMOND
Comment avez-vous trouvé mon adresse ?

COQUELIN
C'est Sarah qui me l'a donnée.

ROSE
Coquelin ! Chez moi !

COQUELIN, *souriant, flatté*
Hé ! hé…

ROSE
Et qui parle si fort qu'il va réveiller MES ENFANTS !

COQUELIN, *perdant son sourire*
Oh ! *(À voix basse.)* Veuillez m'excuser. Je vous laisse.
(Avant de repartir.) Nous y lirons le premier acte cet après-midi, à dix-sept heures.
Vous aurez terminé ?

EDMOND, *réalisant*
Terminé ?

COQUELIN, *sortant*
Le premier acte ! À tout à l'heure !

La porte se referme.

EDMOND, *redescendant sur terre*
Mais je n'ai même pas commencé !

19. Hall de la Comédie-Française

À la Comédie-Française, dix-sept heures, l'après-midi même. Dans le hall, on constate que la popularité de Coquelin est intacte. Il aperçoit Edmond arriver avec Léo.

COQUELIN, *d'humeur joyeuse*
Edmond !

EDMOND
Coquelin ! Vous êtes en avance…

COQUELIN
Toujours !

EDMOND, *présentant Léo*
Léonidas Volny, Constant Coquelin.

COQUELIN, *chaleureusement, à Léo*
Volny !

LÉO, *chaleureusement*
Coquelin !

EDMOND, *soulagé*
Ah ! Vous vous connaissez.

COQUELIN
Bien sûr ! Léo a beaucoup fréquenté mes actrices…

EDMOND
… Évidemment.

LÉO
Plus connu pour mes conquêtes que pour mes rôles, telle est ma croix !

COQUELIN, *présentant Jean à Edmond*
Et voici mon fils, Jean ! *(On reconnaît le mauvais acteur de* Thermidor.*)* Vous l'avez vu dans *Thermidor.* Vous lui écrirez un rôle. Et un rôle important. Qu'il soit là à tous les actes !

EDMOND, *angoissé*
Euh... Oui... Mais pour la pièce... *(Distribuant des feuillets volants.)* Voilà le texte. Je... j'ai écrit, enfin je... j'ai... *(Avouant :)* Je n'ai rien.

CLARÉTIE[1], *sortant de son bureau*
Coquelin ?

COQUELIN, *tout sourire*
Clarétie ! *(À Edmond et Léo.)* C'est l'administrateur général de la maison. Un ami, un vrai ! Attendez-moi ici !

EDMOND, *angoissé*
Mais pour la pièce ?

COQUELIN, *saisissant les feuillets*
Ne vous inquiétez pas, tout se passera bien ! Je lui lis quelques extraits, je lui raconte ce que vous m'avez raconté, et je l'embobine !

---

1. Accroché à son poste depuis douze ans (et il y restera jusqu'en 1912), Jules Clarétie, cinquante-sept ans, est le patron tout-puissant du théâtre subventionné de l'époque.

Coquelin s'enferme dans son bureau, et juste avant de refermer la porte, il lève le pouce.

LÉO*, sceptique*
Qu'est-ce que tu lui as raconté ?

EDMOND
Rien.

LÉO, *à Jean*
Alors, Jean, toujours comédien ?

JEAN
Oui.

LÉO
Tu ne devais pas faire autre chose ?

JEAN
Si, boulanger.

LÉO
Ah oui ?

JEAN
Oui. Mais papa ne veut pas.

LÉO
Quel dommage pour l'art dramatique français.

JEAN
Bah oui.

Une violente dispute éclate dans le bureau de Clarétie.

COQUELIN, *sortant*
Vous n'êtes qu'un historien poussiéreux et frustré, qui s'attache à son poste comme une moule sur la roche !

CLARÉTIE, *brandissant le poing*
Je vous écraserai, Coquelin. Je vous détruirai !

COQUELIN
Béotien ! Réactionnaire ! Monarchiste !

Coquelin claque la porte, reprend son souffle et aperçoit les trois hommes.

LÉO
… Ça s'est bien passé ?

COQUELIN
Échec, échec, échec, mes enfants ! Clarétie m'en veut encore d'avoir claqué la porte du Français. Tenez-vous bien, il veut m'interdire de jouer dans toute autre salle parisienne !

EDMOND
Oh ! mon Dieu…

LÉO
Et qu'a-t-il pensé de la pièce ?

COQUELIN
Il trouve qu'il n'y a pas d'histoire !

EDMOND
Il n'y a pas d'histoire !

COQUELIN
… et que les quelques vers qu'il a entendus sont terriblement mauvais.

EDMOND, *dépité*
Ah.

COQUELIN
Mais ne l'écoutez pas ! Cette pièce sera très bien, il faut juste l'écrire.
Allons, la scène m'appelle ! Viens, Jean.

Léo et Edmond restent seuls. Ils se retournent vers la grande façade.

EDMOND, *avalant une pilule*
Avoir Constant Coquelin dans sa pièce, et ne pas avoir de pièce.

LÉO, *même jeu*
Devoir écrire un rôle à son fils, le plus mauvais acteur du monde.

EDMOND, *sobrement*
Adieu, fastueuse Comédie-Française.

20. Rue de Montpensier

Edmond et Léo se mettent à marcher dans la rue, de nuit.

EDMOND
« Il faut juste l'écrire. » Allons, Edmond, au travail. Cyrano est un poète, il sait se battre, et il est…

LÉO
… Content ?

EDMOND
Non, il n'est pas content ! S'il est content, il n'y a pas d'histoire !

LÉO
Triste, alors.

EDMOND
Triste ? Oui ! Triste. Et pourquoi triste ? Parce qu'il est…

LÉO
… Malade ?

EDMOND
Malade… d'amour. Il est amoureux d'une femme qui ne l'aime pas en retour. Et pourquoi ? Parce qu'elle…

LÉO*, haussant les épaules*
Ne sait pas ?

EDMOND
Ne sait pas qu'il l'aime, très bien, Léo ! Et pourquoi ne lui dit-il pas ? Parce qu'il…

LÉO
N'ose pas ?

EDMOND
… N'ose pas, parce qu'il a trop peur d'être éconduit à cause de sa laideur, parce que derrière cet air bravache se cache un cœur sensible, bien, Léo !

LÉO
C'était facile.

EDMOND
Et après, que lui arrive-t-il ?

LÉO
Et surtout : quand mon personnage arrive-t-il ?

Petit à petit, une foule de spectateurs a entouré Léo et Edmond.

EDMOND, *constatant la foule*
Mais qu'est-ce que c'est que tous ces gens ?

FEYDEAU, *les interrompant*
« Mais qu'est-ce que c'est que cette foule énorme ? » Serait-ce possible qu'ils viennent voir… *Le Dindon* ? Un triomphe de Georges Feydeau ?

LÉO, *saluant, blasé*
Georges.

EDMOND, *saluant, blasé*
Georges.

FEYDEAU
Trop aimable de m'avoir laissé votre petite note, l'autre soir, mais il fallait au moins prendre du champagne !

De la verveine, Edmond. Vraiment ?

EDMOND, *prenant Léo par le bras*
Passe une bonne soirée, Georges. Félicitations pour ton succès.

LÉO, *fort*
Ah ! Et si tu la cherches, ta femme, je sais où elle est ! Elle t'embrasse, d'ailleurs !

Le sourire de Feydeau s'efface, tandis que Léo et Edmond disparaissent côté « Entrée des artistes ».

EDMOND, *à Léo*
Pas très élégant, ça…

LÉO, *à Edmond*
L'élégance, c'est ta spécialité, pas la mienne.

21. Balcon du théâtre du Palais-Royal[1]

Les habilleuses du théâtre sont précisément en train de fumer la cigarette, sous ce balcon. Dont notre petite Jeanne.

1. Le théâtre du Palais-Royal, inauguré en 1641, fut détruit par un incendie en 1781. Il fut reconstruit, plusieurs fois, jusqu'en 1880, date à laquelle l'architecte mit en place l'escalier de secours : pour ne pas devoir modifier

LÉO, *l'apercevant*
Oh ! Jeanne !

Il s'avance vers elle. Edmond, sans trop savoir pourquoi, reste en retrait.
Jeanne, entourée d'autres habilleuses, est immédiatement gênée par la présence de Léo.

LÉO, *fort*
Jeanne, ma petite Jeanne… *(Il la prend dans ses bras et la fait tourner.)* Tu m'as manqué, tu sais ?

JEANNE, *rougissant et se débattant*
Mais enfin, monsieur…

LÉO
« Monsieur ? » « Monsieur » est mon père !
Moi, c'est « Léo », et on s'embrasse pour dire bonjour !

Léo l'embrasse maladroitement sur la bouche. Jeanne rougit et le gifle.

LÉO, *se tenant la joue*
Mais, je…

---

l'intérieur du théâtre, il opta pour le parti révolutionnaire de le mettre en façade, sous forme de passerelles métalliques revêtues de mosaïque. Un balcon naturel.

Le costumier du Palais-Royal apparaît alors, pour rappeler toute sa cour de petites mains à l'intérieur.

LE COSTUMIER, *très maniéré*
Allez, allez, mes jolies, au travail, au travail !
Allez, allez, mes petites abeilles !

JEANNE, *en colère, à Léo*
Bonsoir, monsieur !

Jeanne et ses collègues se réfugient à l'intérieur du théâtre.

LE COSTUMIER, *apercevant Léo*
Bonsoir, toi.

LÉO, *digne, apercevant le costumier*
Euh… bonsoir.

LE COSTUMIER, *rentrant à la suite de ses habilleuses*
Allez, allez, on coud et on répare !

Léo reste seul, comme un imbécile. Un temps.

EDMOND, *s'approchant*
C'est une romantique, tu lui fais un vaudeville. Il faut la faire rêver, lui dire de belles choses, abandonner la prose. Passe aux vers.

LÉO

Comment veux-tu que j'improvise des vers ?

EDMOND, improvisant

Bonsoir, ma belle enfant, je passais par hasard,
Et n'espérais pas mieux que la joie de vous voir.
… Comme ça.

LÉO

Oui, eh bien je suis acteur, moi, monsieur ! Je dis les mots des autres !

EDMOND, *montrant du doigt le balcon*

Elle est là.

Au balcon, Léo et Edmond distinguent, derrière une fenêtre, la silhouette de Jeanne, qui coud.

LÉO

Eh bien, qu'est-ce que je fais ?

EDMOND, *soupirant*

Appelle-la. Je vais t'aider.

Edmond se cache sous le balcon. Il fait signe à Léo : « Vas-y. »

LÉO

Jeanne… Jeanne !

Elle ne peut pas se montrer à la fenêtre, le couturier les surveille.

JEANNE, *jetant un œil*
Ah ! c'est vous.

LÉO
Je voudrais te parler.

JEANNE, *rentrant*
Non, vous parlez trop mal. Allez-vous-en.

Edmond souffle alors les vers à Léo, qu'il répète :

EDMOND, *soufflant*
Si mes mots sont hésitants…

LÉO, *répétant*
« Si mes mots sont hésitants… c'est parce qu'il fait nuit. »
(Bas, à Edmond :) Je ne vois pas le rapport.

EDMOND, *soufflant*
Dans cette ombre…

LÉO, *répétant*
« Dans cette ombre… à tâtons… ils cherchent votre oreille. »
(Bas, à Edmond :) Ça ne rime pas du tout !

JEANNE
Les miens n'éprouvent pas difficulté pareille.

Edmond et Léo se regardent : ça marche.

EDMOND, *soufflant*
Ils trouvent tout de suite ?

LÉO, *répétant*
« Ils trouvent tout de suite ? Oh… Oh… »
(À Edmond :) Oh… ?

EDMOND, *bas*
Cela va de soi.

LÉO, *répétant*
« Cela va de soi, puisque… »

EDMOND, *bas*
Puisque c'est dans mon cœur, eux, que je les reçois.

LÉO, *répétant, appréciatif*
« Puisque c'est dans mon cœur, eux, que je les reçois. »

Jeanne s'arrête de coudre, un instant. Il a capté son attention.
Edmond sort un carnet et se met à noter ses mots à mesure qu'il les dicte.

EDMOND, *soufflant*

Or, moi…

LÉO, *répétant*

« Or moi… j'ai le cœur grand… vous l'oreille petite.
D'ailleurs, vos mots à vous descendent… Ils vont vite.
Les miens montent, madame… il leur faut plus de temps. »

Jeanne ouvre la fenêtre. Edmond tire Léo sous le balcon.

JEANNE

Mais ils montent bien mieux depuis quelques instants !

Edmond et Léo se regardent, cachés sous le balcon.

JEANNE

… Léo ?

Edmond, dans son carnet, dit à la place de Léo les mots suivants :

EDMOND, *fort*

De cette gymnastique, ils ont pris l'habitude.

Il met sa main sur sa bouche. Trop tard. Moment suspendu : va-t-elle se rendre compte de la supercherie ?

JEANNE

… Je vous parle, en effet, d'une haute altitude.

Edmond et Léo se regardent. Léo encourage Edmond du regard.

EDMOND

… Certes. Et vous me tueriez, si, de cette hauteur, vous me laissiez tomber un mot dur sur le cœur.

Jeanne, touchée, hésite un moment, puis :

JEANNE

Je descends.

EDMOND

Non !

LÉO, *bas, à Edmond*

Non ?

JEANNE

Montez au balcon, alors !

EDMOND

Non !

LÉO, *bas, à Edmond*
Comment, non ?

EDMOND, *dépassé par ses mots*
Laissez un peu, que l'on profite… de pouvoir se parler… doucement, sans se voir.

LÉO, *bas, à Edmond*
Mais qu'est-ce que tu fiches ?

JEANNE
Sans se voir ?

EDMOND, *mettant sa main sur la bouche de Léo*
Mais oui, c'est adorable ! On se devine à peine.
Moi je ne suis qu'une ombre, et vous, qu'une clarté.

LÉO, *bas, à Edmond*
… Edmond ?

EDMOND, *à Léo, bas*
Tu l'aimes ou pas ?

LÉO, *bas, à Edmond*
Oui !

EDMOND, *à Léo, bas*
Alors fais-moi confiance. *(À Jeanne :)* Mon langage jamais jusqu'ici n'est sorti de mon cœur…

JEANNE
Pourquoi ?

EDMOND
Parce que jusqu'ici je parlais à travers…

JEANNE
… À travers ?

EDMOND
… le vertige où tremble quiconque est sous vos yeux.
(Jeanne ne peut s'empêcher d'être saisie.)
Mais ce soir, il me semble que je vais vous parler pour la première fois !

JEANNE
C'est vrai que vous avez une tout autre voix !

EDMOND, *avec fièvre*
Oui, tout autre, car dans la nuit qui me protège,
j'ose enfin être moi-même, et j'ose… où en étais-je ?

JEANNE
Eh bien ! Si ce moment est venu pour nous deux,
quels mots me direz-vous ?

Edmond se prend de plus en plus au jeu, se découvrant une inspiration fortuite.

EDMOND
Tous ceux… Tous ceux… Tous ceux qui me viendront.
Je vais vous les jeter, en touffe, sans les mettre en bouquet :
Je vous aime, j'étouffe, je n'en peux plus, c'est trop,
Ton nom est dans mon cœur comme dans un grelot,
Et comme tout le temps, mon âme, je frissonne,
Tout le temps le grelot s'agite, et le nom sonne !

JEANNE, *transportée*
Oui, c'est bien de l'amour, car je suis enivrée !

EDMOND, *enivré lui aussi*
Alors que la mort vienne !
Cette ivresse c'est moi, moi seul qui l'ai su causer !
Et je ne demande plus qu'une chose…

LÉO
Un baiser !

JEANNE
Comment ?

EDMOND, *bas*
Tu vas trop vite.

LÉO, *bas*
Mais non, c'est le moment !

JEANNE
Vous m'avez demandé… ?

EDMOND*, à Jeanne*
… C'est vrai, mais justes cieux,
je comprends que je suis un peu trop audacieux.

JEANNE*, déçue*
… Vous n'insistez donc pas ?

Regard de Léo à Edmond : « Tu vois ? »

EDMOND*, à Jeanne*
Si, si, bien sûr, j'insiste, mais… sans trop insister.

LÉO*, bas*
Mais si !

EDMOND*, à Jeanne*
Non, Jeanne, ce baiser, ne me l'accordez pas.

LÉO*, bas*
Mais si !

EDMOND*, bas*
Tais-toi, Léo !

JEANNE
Qu'est-ce que vous dites ?

EDMOND
Je me gronde tout bas. Je me dis : *tais-toi, Léo !*

JEANNE
Embrassez-moi.

EDMOND
Pardon ?

JEANNE
Montez ! Embrassez-moi.

LÉO, *bas*
Tu vois ?
(À Jeanne)
Je monte !

Edmond se retrouve un peu jaloux de son ami, mais doit bien le laisser monter et en profite pour noter tout ce qui s'est dit. Pendant que Léo escalade la structure, le costumier découvre Jeanne, qui s'éclipse. Entendant les bruits métalliques de l'ascension de Léo, le costumier se penche au balcon et récolte le baiser de l'amour. Léo savoure le baiser, puis se rend compte de son partenaire.

LÉO, *fort*
Aaaah !

Sous le choc, il glisse et retombe lourdement au sol.

LE COSTUMIER, *affolé*
Oh ! mon Dieu !

Le costumier retourne dans le théâtre pour s'assurer qu'il n'y a pas d'os cassés, Jeanne réapparaît un instant, Edmond tire Léo sous le balcon et lui met la main sur la bouche.

JEANNE
Léo ! Vous êtes vivant ?

Grognement de Léo.

EDMOND
… À moitié.

JEANNE
Je pars demain en tournée, avec *Le Dindon*. Remettez-vous bien.

EDMOND, *regardant Léo*
J'essaierai.

JEANNE
Soyez-moi fidèle.

EDMOND
Euh… oui, sans doute, mais…

JEANNE
Écrivez-moi !

Jeanne disparaît dans le théâtre.

EDMOND
Ça… je vous le promets ! *(Il se tourne vers Léo.)* Léo… Ma pièce !

LÉO
Edmond… Mon dos !

EDMOND
Ma pièce ! J'ai ma pièce !

LÉO
Comment ça, tu as ta pièce ?

EDMOND
Cyrano et Christian aiment la même femme !

LÉO
Christian ? Qui est Christian ?

EDMOND
C'est toi !

LÉO
C'est moi ?

EDMOND
Cyrano est brillant, mais laid. Christian est beau, mais bête.

LÉO
Mais c'est tout à fait moi !

EDMOND
Cyrano propose donc à Christian de… ?

LÉO
Lui masser le dos ?

EDMOND
De l'aider à conquérir Roxane !

LÉO
Roxane ? Qui est Roxane ?

Edmond, sans répondre, part vers la Porte-Saint-Martin.

EDMOND
Un balcon. La nuit. Des vers. Voilà mon acte trois !

LÉO, *à Edmond qui s'en va*
Ton acte trois, mais les deux premiers ? Où vas-tu ?

EDMOND, *partant*
Trouver Coquelin !

22. Théâtre de la Porte-Saint-Martin

EDMOND
Monsieur Coquelin ! Monsieur Coquelin !

Edmond trouve Coquelin sur scène, seul, face à la salle. Et Lucien, qui arrête Edmond.

LUCIEN, *bas, à Edmond*
J'espère que vous apportez de bonnes nouvelles, monsieur. La salle était à moitié vide, ce soir…

COQUELIN
Ah ! Edmond. Venez, approchez…

Edmond le rejoint, contemple la grande salle vide. Lucien s'éclipse.

EDMOND, *essoufflé*
Je viens… vous raconter… la pièce.

COQUELIN, *les yeux brillants*
Oui, oui. Elle est belle, n'est-ce pas ?

EDMOND, *regardant Lucien qui s'en va*
Qui ça ?

COQUELIN, *en parlant comme d'une femme*
Deux fois brûlée, deux fois reconstruite. Éclairage entièrement électrique.

EDMOND, *sincère*
Ah ! la salle. Elle est magnifique.

COQUELIN
Thermidor ne marche pas. On arrête dans une semaine.

EDMOND, *pris de court*
… J'en suis désolé.

COQUELIN
C'est si facile, pour moi, de jouer. Mais c'est si dur, de faire un succès. Nul ne connaît vraiment la recette. J'avais loué la salle pour une année, je dois donc la rendre le 1er janvier. Sauf si je fais un triomphe avant la fin de l'année.

EDMOND, *calculant*
… Mais nous sommes le 5 décembre.

COQUELIN, *léger*
Voilà pourquoi il va falloir vous dépêcher de terminer *Cyrano*.

Edmond comprend. Il prend peur :

EDMOND
On ne peut pas monter *Cyrano* en trois semaines.

COQUELIN
Molière a monté *Tartuffe* en huit jours.

EDMOND
Mais la pièce n'est pas écrite !

COQUELIN
Ne veniez-vous pas me la raconter ?

EDMOND, *avalant une pilule*
La salle est trop grande ! Mille places ?

COQUELIN, *précisant*
Mille cinquante.

EDMOND, *s'étranglant*
… Où trouverons-nous l'argent pour payer les décors, les costumes, les répétitions ?!

COQUELIN, *riant*
Payer les répétitions ? Quelle idée saugrenue !

EDMOND
Mais le reste ?!

ANGE
Alors, Coq, tu as ce qu'on vient chercher ?!

Entrée des Floury.

COQUELIN, *à Edmond*
Le reste, le voilà. (*Fort.*) Messieurs ! Je vous dois de l'argent, je vous propose un succès.

MARCEL
Un succès ?

COQUELIN
La prochaine pièce de M. Edmond Rostand.

ANGE
Qui ça ?

COQUELIN, *montrant Edmond*
C'est lui. Génie. Oubliez mes dettes et vous entrez dans la production.

ANGE
C'est une blague ?

COQUELIN
Un succès assuré.

MARCEL
Comme *Thermidor* ?

COQUELIN
Thermidor n'a pas été écrite par M. Edmond Rostand !

ANGE
Rostand ou pas Rostand, ce sera un four ! C'est toujours un four !

COQUELIN
Pas cette fois-ci ! *Cyrano* ouvrira en plein pendant les fêtes, ce sera un triomphe ! Imaginez… Cent personnes sur scène !

EDMOND
Cent ?

COQUELIN
Cent ! Et dans la salle, mille qui se battent pour entrer. Je sens déjà l'odeur de l'argent frais. *(Raccompagnant les Floury.)* Allons, mes amis, c'est une faveur que je vous fais.

MARCEL
Peut-on au moins lire la pièce ?

COQUELIN, *à Floury qui sort*
Lisez-la ! Les répétitions commencent demain matin !

EDMOND, *restant seul*
Demain ? Mais la pièce n'est pas écrite !

COQUELIN, *revenant*
Très juste. Écrivez-la.

23. Brasserie « Chez Honoré »

Edmond est assis à la brasserie « Chez Honoré ». Il est devant la feuille blanche. Rien ne sort.

LÉO, *entrant*

Edmond ! Te voilà. *(Sortant une lettre de sa poche.)* J'ai écrit une lettre pour Jeanne, dis-moi sincèrement ce que tu en penses. D'auteur à auteur.

EDMOND, *nerveux*

Pas le temps, Léo ! Il est une heure du matin, les répétitions commencent demain, je n'ai toujours pas écrit une ligne.

MONSIEUR HONORÉ, *déposant une verveine*

C'est qu'il ne sert à rien de penser à écrire, il faut tout simplement écrire ses pensées.

LÉO

… Philosophe !

MONSIEUR HONORÉ

… de comptoir !

Edmond regarde Honoré retourner derrière son comptoir, justement.

LÉO, *tendant sa lettre à Edmond*
Ça te prendra cinq minutes, et après, si tu veux, je t'aide.

EDMOND, *examinant la lettre*
Comment pourrais-tu m'aider ? *(Lisant malgré lui la lettre.)* Non, non, non !

LÉO
Non ?

EDMOND, *soulignant*
« Jeanne, Jeanne, Jeanne, je t'aime, je t'aime, je t'aime ? »
Tu es donc devenu bègue ?

LÉO
C'est que je n'ai pas l'habitude des lettres d'amour, moi ! Je les vis ! Qu'est-ce que je dis, alors ?

EDMOND
Je n'en sais rien, Léo ! *(Soupirant.)* Écris-lui :
« Jeanne, délicieuse Jeanne, envoûtante Jeanne, vous êtes un danger mortel sans le vouloir, exquis sans y songer, un piège de nature, une rose de muscade, dans laquelle… »

Edmond s'interrompt, Léo attend la suite.

LÉO
Oui ?

EDMOND, *comprenant*
« … dans laquelle… l'amour se tient en embuscade… »

Edmond réalise soudain. Mais oui… Sous le balcon, il la tenait, l'inspiration.
Et si… Et si sa muse, c'était Jeanne ?

LÉO
Eh bien ! Ce n'est pas mal, ça, non ?
… Edmond ?

EDMOND, *se levant*
Je dois rentrer.

Edmond bondit vers la sortie.

LÉO, *pour lui*
Mais… Et ma lettre ?!

24. Bureau d'Edmond

Assis à sa table, Edmond reprend l'écriture… Et les mots commencent à couler.
Il écrit, écrit, écrit… Rose, sans un bruit, arrive dans son dos, en chemise de nuit.

ROSE, *suspicieuse*
Edmond…

EDMOND
Rose, j'écris. J'écris !

ROSE
Je vois ça…

EDMOND, *malicieux*
Je t'ai réveillée ? Pardon. Je tâcherai d'appuyer moins fort sur ma plume.

Rose le regarde un moment écrire, puis :

ROSE
Edmond… Tu as rencontré quelqu'un ?

EDMOND, *souriant*
Oui. J'ai rencontré l'inspiration !

25. Hall de la Porte-Saint-Martin, 6 décembre

Coquelin attend à l'entrée, avec Jean et Lucien.

COQUELIN
À quelle heure arrivent les acteurs ?

LUCIEN
Onze heures, monsieur Coquelin.

COQUELIN, *regardant sa montre*
Il est neuf heures. Edmond ne devrait pas tarder.

LUCIEN
Oui, monsieur Coquelin.

COQUELIN
Lucien, cela fait combien de temps qu'on travaille ensemble ?

LUCIEN
Douze ans, monsieur Coquelin.

COQUELIN
Et cela fait combien de temps que je vous demande de m'appeler Constant, en privé ?

LUCIEN
Douze ans, monsieur Coquelin.

COQUELIN
Et nous sommes bien en privé ?

LUCIEN
Oui, monsieur Coquelin.

COQUELIN
Alors Constant, Lucien, Constant !

LUCIEN
Constant, monsieur Coquelin.

COQUELIN, *apercevant...*
Edmond ! Je ne vous avais pas vu !

EDMOND, *brandissant la brochure*
L'acte un ! Fini !

COQUELIN
Hourra ! En trente exemplaires, Lucien !

LUCIEN
Oui, monsieur Coquelin !

EDMOND
Et prenez cette lettre, aussi. À poster dès aujourd'hui, urgent !

26. Théâtre de la Porte-Saint-Martin, onze heures

Une foule d'acteurs et d'actrices occupent le théâtre.

COQUELIN, *à la cantonade*
Mesdemoiselles, messieurs, approchez !

LUCIEN
On ne fume pas dans le théâtre de la Porte-Saint-Martin !
On ne mange pas dans le théâtre de la Porte-Saint-Martin !
Et surtout, surtout, on fait attention à la trappe *(montrant ladite trappe, en coulisses)*, qui ferme mal, car si on passe au travers, on se blesse !

COQUELIN
Mes amis, je suis Constant Coquelin, vous me connaissez tous !
Nous allons modestement créer ensemble un chef-d'œuvre !

Parmi les acteurs, un vieux cabot se penche vers une vieille actrice.

LE VIEUX CABOT, *bas*
Comme à chaque fois…

COQUELIN
Voici l'auteur, Edmond Rostand ! Génie.

LA VIEILLE ACTRICE, *bas*
Comme à chaque fois…

LE VIEUX CABOT, *fort*
Quel âge a-t-il ?

EDMOND
Vingt-neu…

COQUELIN, *l'interrompant*
Trente-sept ans ! Il a déjà beaucoup écrit, sous divers noms de plume.

LA VIEILLE ACTRICE, *fort*
Lesquels ?

COQUELIN, *feignant de ne pas avoir entendu*
Bien ! *(Montrant des textes sur une table.)* Voici le premier acte, lisez-le tous !

LE VIEUX CABOT, *fort*
Seulement le premier acte ?

COQUELIN
Les autres arrivent bientôt !

LA VIEILLE ACTRICE, *bas, au vieux cabot*
On doit monter en trois semaines une pièce qui n'est pas encore écrite ?

LE VIEUX CABOT, *bas*
Ça s'est déjà vu. Je me souviens, en 62, à Montbéliard…

COQUELIN, *fort, apercevant les Floury*
Ah ! Messieurs les financiers !

Les Floury, Edmond et Coquelin remontent vers la salle.

ANGE, *voyant les acteurs*
Tout ce monde ! Combien tout cela va-t-il nous coûter ?

COQUELIN, *les prenant par les épaules*
Beaucoup moins que cela va vous rapporter ! *(Leur tendant un texte.)* Mais lisez, lisez ! Bien ! La distribution ! *(À Edmond :)* Pour Christian, je pensais à Jean.

Edmond regarde Jean.

EDMOND, *marchant sur des œufs*
C'est-à-dire… Christian est un jeune premier romantique.

COQUELIN, *ne voyant pas le problème*
Oui.

EDMOND, *marchant sur des œufs*
Jean n'est pas tout à fait… il est… il a…

COQUELIN, *se tournant vers Jean*
Jean, veux-tu jouer le jeune premier romantique ?

JEAN
Pas vraiment.

COQUELIN, *déçu*
Ah ? Pas vraiment ? *(Il acquiesce.)* Alors, tu feras de Guiche ! Le ténébreux comte, ennemi de Cyrano.

EDMOND
Mais non ! Enfin… Vous êtes sûr ?

COQUELIN
Certain !

EDMOND, *à regret*
Bon, va pour de Guiche. Et pour Christian : Volny !

COQUELIN, *de mauvaise grâce*
Oui. Un choix plus traditionnel, mais bon…

EDMOND, *à Léo, à part*
Bravo, tu as le rôle !

LÉO, *à Edmond, à part*
Merci, patron ! Et cette lettre, alors ?

EDMOND, *à Léo, à part*
Quelle lettre ?

LÉO, *à Edmond, à part*
La lettre pour Jeanne !

EDMOND, *mentant et avalant une pilule*
Ah ! Oui. Non, j'ai réfléchi. Mieux vaut ne rien lui envoyer.

LÉO
… Tu crois ?

EDMOND
Tout à fait. Fais le fier, elle viendra à toi !

COQUELIN, *attribuant les rôles*
Lignière… *(Au vieux cabot :)* Le Bret, peut-être…

ANGE, *à Edmond*
Dites, Edmond, votre premier acte, ça manque un peu de cul.

EDMOND, *croyant avoir mal entendu*
De… ?

ANGE, *à Edmond*
De cul. De fesses.

MARCEL
De femmes, quoi ! Il n'y a pas de femmes, dans votre histoire ?

EDMOND, *comprenant*
Ah ! Il y en a une. Patience, elle n'arrive qu'à l'acte deux, mais elle vaut bien qu'on l'attende un peu.

ANGE
Ce sera Maria !

EDMOND, *se retournant vers Ange*
Je pensais plutôt à « Roxane », mais…

ANGE
Votre Roxane, ce sera Maria Legault qui la jouera.

EDMOND
Maria Legault ? Ma Roxane est une jeune précieuse de vingt ans…

MARCEL
Les actrices n'ont pas d'âge.

EDMOND
Celle-ci en a au moins quarante.

COQUELIN, *soutenant Edmond*
Quarante-cinq. Et c'est une capricieuse.

MARCEL
Une grande comédienne.

EDMOND
Enfin, elle n'est même pas belle !

ANGE
On la maquillera.

EDMOND
Mais pourquoi diable voulez-vous Maria Legault pour Roxane ?

ANGE
Parce que ça nous regarde !

MARCEL
Monsieur Rostand, nous allons faire simple : si Maria Legault ne joue pas Roxane, nous retirons nos parts, Coquelin perd son théâtre, vous perdez votre pièce et tout le monde aura perdu son temps !

Sortie des frères Floury.

EDMOND, *à Coquelin*
Mais pourquoi Maria Legault ?

COQUELIN, *en confidence*
C'est une ancienne maîtresse, à tous les deux. Elle a un fils de dix ans, chacun est persuadé que c'est le sien.

EDMOND, *à Coquelin*
Mais depuis quand les producteurs imposent-ils des actrices sous prétexte qu'elles sont leurs maîtresses ? *(Puis, après un soupir :)* … Vous la connaissez, cette Maria ?

COQUELIN
Je la connais un peu. Allons la voir, qui sait ? Elle sera peut-être de bonne composition.

27. Palier de la maison de Maria Legault

Edmond et Coquelin sont sur le palier, face à la diva. Maria Legault ne leur a même pas permis d'entrer chez elle.

MARIA, *catégorique*
Non, non, et non !

COQUELIN
Mais enfin, Maria, le rôle est magnifique !

EDMOND, *corrigeant*
… *sera* magnifique.

MARIA
Non ! Vous dites qu'Ange et Marcel Floury vous financent ?

COQUELIN
Absolument !

MARIA, *catégorique*
Eh bien, s'ils financent, je ne jouerai pas ! Moins je les vois, mieux je me porte !

COQUELIN
Maria, au nom de notre camaraderie…

Maria referme vivement la porte sur eux.
Coquelin et Edmond se retrouvent devant chez elle, déboussolés.

EDMOND
Nous avons un théâtre trop grand, une pièce qui n'est pas écrite, des financiers qui ne financeront pas sans Maria, et Maria qui ne jouera pas si ce sont eux qui financent. Le navire n'a pas quitté le port qu'il prend déjà l'eau.

COQUELIN
Tout se passera bien.

EDMOND
Vraiment ?

COQUELIN
Mais oui… si le rôle est beau. Si le rôle est beau, Edmond, quand bien même nous n'aurions pas de

théâtre, quand bien même nous n'aurions pas de public, quand bien même Satan et Belzébuth cofinanceraient la pièce, si le rôle est beau, Maria le jouera.

EDMOND
Comment le savez-vous ?

COQUELIN
Parce que, malgré son caractère, Maria Legault est avant tout une actrice.

28. Appartement d'Edmond

Edmond entre chez lui, en coup de vent. Rose est en train de nourrir les enfants.

ROSE
Edmond ?

EDMOND
Je n'y arriverai pas, Rose ! Je dois écrire mon acte deux pour convaincre une actrice qui ne veut pas jouer et je n'ai pas la moindre idée de ce qui va s'y passer.

ROSE
Il y a une lettre.

EDMOND
… Une lettre ?

ROSE, *montrant la cheminée*
Une lettre, oui. Pour Léo. *(Edmond s'avance vers la lettre, posée sur la cheminée.)* « Léonidas Volny, chez Monsieur Edmond Rostand. »

EDMOND
… Ah oui ! Oui, comme il n'a pas de toit, je lui ai dit que…

ROSE
Elle est parfumée.

EDMOND, *saisissant l'enveloppe*
Évidemment, tu connais Léo, c'est une lettre de femme.

Edmond sent la lettre.

ROSE
Depuis quand Léo sait-il écrire ?

EDMOND
Depuis que je le lui ai appris ! Puis-je avoir un peu d'intimité, madame ?

ROSE, *jouant*

Oh ! mais mille confuses, monsieur, voulez-vous que je referme la porte de votre cabinet ?

EDMOND, *jouant*

S'il vous plaît.

ROSE, *jouant et refermant la porte*

Une verveine ?

EDMOND, *jouant*

Non, merci !

La porte se ferme, Edmond se retrouve seul. Il attend un moment, puis se jette sur la lettre et la décachette avidement. Il lit. Il dévore, il rit. Il a des fourmis dans la plume.

EDMOND, *lisant*

Oh ! mais c'est qu'elle a de l'esprit, cette petite…
(Il s'assied, saisit une feuille et écrit.)
Roxane… *(Se reprenant.)* Non, Jeanne…
Plus vous me prenez de cœur, et plus j'en ai.
Pour souffrir, puisqu'il m'en faut un autre,
Si vous gardez mon cœur, envoyez-moi le vôtre.

Rosemonde, entendant Edmond écrire si soudainement, et rire de ses trouvailles à travers la porte, ne peut s'empêcher d'éprouver un soupçon.

29. Appartement d'Edmond, 9 décembre

Le lendemain. On sonne à la porte, très tôt. Edmond sort du lit et va vers l'entrée.
On entend un cri d'enfant.

ROSE, *de la chambre*
Et les enfants sont réveillés… Si c'est encore Coquelin, je le tue !

EDMOND, *joyeusement, ouvrant la porte sur…*
Coquelin ! Quelle bonne surprise !

ROSE
Je vais le tuer !

COQUELIN, *regardant sa montre*
Mais combien d'heures dormez-vous ?

EDMOND
Aucune importance.

COQUELIN
Dites-moi que vous avez au moins écrit un acte.

EDMOND, *interdit*
… depuis hier soir ?

ROSE, *en furie*
Edmond, qu'est-ce que c'est que ÇA ?!

Elle tient dans ses mains la lettre qu'Edmond écrivait à Jeanne.
Edmond écarquille de grands yeux, ne sachant comment s'en sortir.

EDMOND
Ça ? Eh bien…

ROSE
C'est une LETTRE !

COQUELIN, *joyeux*
Il a écrit !

EDMOND
Je… J'ai écrit ? D'abord, est-ce moi qui ai écrit ?

ROSE
C'est une lettre d'AMOUR ! À QUI ?

EDMOND
Mais à personne !

ROSE, *frappant Edmond*
À PERSONNE ?

EDMOND, *tentant de reprendre la lettre*
C'est pour *Cyrano* !

ROSE, *luttant pour garder la lettre*
Comment ça ?

EDMOND, *improvisant*
C'est une lettre d'amour ! Oui !
C'est une lettre d'amour… imaginaire ! Entre Roxane et Christian ! *(Se corrigeant.)*… Cyrano ! Entre Cyrano et Christian ! *(Se corrigeant.)*… Et Roxane !

ROSE, *lisant*
« Jeanne » !

EDMOND, *lui prenant la lettre des mains*
Jeanne, Roxane, je ne sais pas encore comment elle va s'appeler !

COQUELIN, *lui prenant la lettre des mains*
Eh ! Bien ! Parfait ! Parfait ! Nous allons lire ces lignes à Maria !

Edmond est coincé. Il regarde Coquelin, ne sachant pas quoi répondre.

EDMOND, *sourire plaqué*
… Parfait !

30. Chez Maria Legault

Edmond et Coquelin, devant chez Maria, sonnent à la porte.

COQUELIN, *relisant*
C'est très joli, cette lettre ! Dites, Edmond, pensez à m'écrire une scène de duel.

EDMOND
Que j'écrive une scène de… ?

COQUELIN
De duel. J'escrimais fort bien, dans ma jeunesse.

EDMOND
Mais enfin… j'écris des vers. Voulez-vous qu'il récite des vers en escrimant ?

COQUELIN
Pourquoi pas ?

EDMOND, *après un temps*
… Je peux vous poser une question ?

COQUELIN
Je vous en prie.

EDMOND, *timidement*
Imaginons un instant que Cyrano soit marié…

COQUELIN
Il est marié ?

EDMOND
Non, non, il ne l'est pas, mais imaginons qu'il soit marié, et qu'il aide Léo… qu'il aide Christian à obtenir Roxane, en écrivant des lettres à sa place…

COQUELIN
Il voudrait que Christian obtienne sa femme ?

EDMOND
Non, non ! Il n'est pas marié à Roxane.

COQUELIN
Ah ! il n'est pas marié.

EDMOND
Si ! Si ! Mais pas à Roxane.

COQUELIN, *cherchant à comprendre*
À qui, alors ?

EDMOND
Mais peu importe ! S'il écrit ces lettres à Roxane, manque-t-il de respect à sa femme ?

COQUELIN
Est-ce qu'elle est jolie ?

EDMOND
Qui ?

COQUELIN
Sa femme.

EDMOND
À qui ?

COQUELIN
À Cyrano !

EDMOND
Mais là n'est pas la question !

COQUELIN
Il faudrait qu'elle soit jolie, non ?

EDMOND
Tout ce que je vous demande, c'est si…

Maria ouvre la porte, découvrant Edmond et Coquelin. Coquelin lui tend la lettre. Avec suspicion, elle lit les lignes qu'Edmond vient d'écrire.
Puis elle regarde Edmond. Puis Coquelin. Puis Edmond à nouveau.
Coquelin écarte les bras : « Alors ? »

31. Théâtre de la Porte-Saint-Martin

Maria pénètre dans le théâtre de la Porte-Saint-Martin, suivie de près par Edmond et Coquelin.

MARIA
Je veux une habilleuse qui me suive partout.

EDMOND
Entendu.

MARIA
Je ne veux croiser ni l'un ni l'autre de ces vieux Corses.

COQUELIN
C'est comme si c'était fait.

MARIA
Je veux une grande loge, la plus grande. Non, j'en veux deux, tiens.

EDMOND
Deux loges, très bien.

MARIA, *après un temps*
Je ne signerai que pour une seule représentation.

COQUELIN
Maria, voyons…

MARIA
Une seule.

Elle s'avance sur scène.

EDMOND, *acquiesçant*
… Quoi d'autre ?

MARIA/ROXANE, fort
Mais tout d'abord merci, car ce drôle, ce fat,
Qu'au brave jeu d'épée, hier, vous avez fait mat…
C'est lui, qu'un grand seigneur épris de moi…

On s'est arrêté de faire du bruit autour d'elle.
Elle se tourne vers Coquelin, attendant sa réplique.

COQUELIN/CYRANO, lentement
De Guiche ?

MARIA/ROXANE, acquiesçant
… cherchait à m'imposer comme mari…

COQUELIN/CYRANO, avec malice
Postiche ?

Certains rient dans la salle.

MARIA, *à Coquelin*
… Eh bien ! Monsieur de Bergerac, je vous attends sur scène.

COQUELIN, *à Edmond*
Tant que vous écrirez des vers de cet acabit, gardez-la sous le coude, votre Jeanne.

EDMOND
Ma… ?

COQUELIN, *à Edmond*
Votre Jeanne, votre Roxane… votre muse. C'est la chair que l'on juge, et non l'esprit !…
(Fort, à Maria :)
Je me suis donc battu, madame, et c'est tant mieux,
Non pour mon vilain nez, mais bien pour vos beaux yeux.

On reste sur Edmond, qui vient d'obtenir l'autorisation de continuer sa correspondance.

32. Brasserie « Chez Honoré »

MONSIEUR HONORÉ
Monsieur le poète ! Qu'est-ce que ce sera ?

EDMOND
Une verveine ! Sans sucre !

MONSIEUR HONORÉ
Et cette pièce, alors ? Elle avance ?

EDMOND
Elle commence ! *(Écrivant/déclamant.)*
« Jeanne, pardonnez-moi si j'ai pu vous laisser
Un seul jour sans nouvelles, vous ne le méritez !
Pour tenter de punir cet affront scélérat
Je vous écrirai donc chaque jour – et deux fois ! »

33. Tournée, théâtre de province

Jeanne lit la lettre qu'elle vient de recevoir :

JEANNE, rougissant de plaisir
Croyez que devers vous mon cœur ne fait qu'un cri,
Et que si les baisers s'envoyaient par écrit,
Madame, vous liriez ma lettre avec les lèvres.

34. Chez Edmond

Rosemonde brandit une lettre.

ROSE
Edmond ! Il y a du courrier…

EDMOND
Oui, plus tard, plus tard…

ROSE
… Pour Léo.

EDMOND, *revenant sur ses pas*
Hein ? Ah ! donne, je… il l'attendait, je crois.

ROSE
De qui est-ce ?

EDMOND, *repartant*
Est-ce que je sais, moi ?

35. Théâtre de la Porte-Saint-Martin, 10 décembre

Edmond arrive, portant les feuillets du deuxième acte.

LÉO
Edmond, je n'ai toujours pas de nouvelles ! Tu es sûr que je ne devrais pas lui envoyer un mot ? Des fleurs, peut-être ?

EDMOND
Mais non, mais non, fais-moi confiance !
(À la cantonade :)
Acte deux, acte deux !

MARCEL
Déjà ?

EDMOND, *distribuant les feuilles*
Cyrano apprend que Roxane aime en secret Christian, et promet à sa cousine qu'il veillera sur le petit cadet.

COQUELIN
Et il se bat en duel pour le protéger !

EDMOND
Euh... non. Mais Christian lui avoue qu'il ne sait pas s'y prendre avec les femmes, alors il lui propose de l'aider !

MARCEL
C'est étrange, pourquoi fait-il ça ?

LA VIEILLE ACTRICE, *connaissant les hommes*
Par fierté, par orgueil.

EDMOND
Voilà ! Et parce que sinon, il n'y a pas de pièce.

COQUELIN/CYRANO, à Christian, lisant
Te sentirais-tu de répéter les choses
Que chaque jour je t'apprendrais ?
Veux-tu sentir passer, de mon pourpoint de buffle
Dans ton pourpoint brodé, l'âme que je t'insuffle ?...

LÉO/CHRISTIAN, lisant
Tu me proposes… ?

COQUELIN/CYRANO
Roxane n'aura pas de désillusions !
Dis, veux-tu qu'à deux nous la séduisions ?

MARIA
Dites, Edmond, j'ai compté : trente-neuf répliques ! C'est trop peu !

ANGE
C'est vrai, c'est peu !

MARCEL
Bien trop peu, même !

MARIA
Coquelin, dites à ces messieurs que lorsque j'aurai envie d'entendre une polyphonie corse, je leur ferai signe ! Edmond ! Edmond ? Où est-il passé ?

36. Brasserie « Chez Honoré »

Edmond écrit comme un forcené.

MONSIEUR HONORÉ
Une verveine pour la table du fond ! Offerte par la maison. C'est qu'il écrivaille, l'écrivaillon !

EDMOND
Il essaie. Quels que soient mes vers, j'ai l'impression qu'ils ne suscitent que des mécontentements !

MONSIEUR HONORÉ
Les acteurs cultivent l'insatisfaction comme les maraîchers cultivent leur potager. Oubliez-les donc, et pensez au public.

37. Scène, théâtre de la Porte-Saint-Martin

Edmond arrive, triomphant, et dépose son texte.

EDMOND
Acte trois, l'acte du balcon !

COQUELIN
Un balcon ?

ANGE
Il va falloir construire un balcon ?

EDMOND
Le balcon de Roxane ! Cyrano obtiendra à Christian son baiser, et son mariage ! Où est Léo ?

MARIA, *feuilletant*
Volny ? En retard, comme à son habitude.

EDMOND, *ignorant Maria*
De Guiche envoie un homme de Dieu pour porter une lettre à Roxane, mais Roxane lui fait croire que cette lettre contient son consentement pour l'unir à Christian !

COQUELIN
Fine mouche.

EDMOND
Hélas, de Guiche arrive ! Alors, pour le retenir tandis que l'homme de Dieu fait son office, Cyrano saute d'un arbre et tombe devant lui !

COQUELIN
Et il le bat en duel !

EDMOND
Non. Masqué, il lui fait croire qu'il tombe de la lune !

JEAN, *impressionné*
De la lune ?

MARIA, *sceptique*
De la lune ? Et comment est-il monté ?

EDMOND
Lisez ! Il n'imagine pas moins de sept moyens ! Ainsi, il se sacrifie pour son ami, et la fin est heureuse.

MARIA
Dites, Edmond, vous m'avez mis beaucoup de texte ! Comment voulez-vous que je retienne tout ça ?

EDMOND, *se contenant*
Je vous en enlèverai !

COQUELIN, *lisant*
Et mon duel, alors ?

EDMOND
Il n'y a pas de duel !

COQUELIN, *déçu*
Pas de duel ?

EDMOND
Non. Désolé… mais enfin voyez, la pièce est finie !

COQUELIN, *se résignant*
C'est vrai ! Et nous sommes dans les temps ! Allons, répétons, répétons !

Les acteurs se mettent en place pour répéter.

EDMOND, *à lui-même*
Oui, la pièce est finie… Et pourtant il me semble… que quelque chose encore doit se passer…

38. Entrée du théâtre de la Porte-Saint-Martin

LÉO, *à Lucien*
Bonjour, bonjour ! Je sais, je suis en retard.

LUCIEN, *de sa cabine*
Monsieur Volny ! Il y a une lettre pour vous !

LÉO, *s'arrêtant*
… Pour moi ?

LUCIEN, *sentant la lettre*
Et elle est parfumée…

Léo ouvre la lettre, intrigué…

JEANNE, *déclamant*
« Léo, Léo, Léo, ce nom me suffisait
À occuper ce qui restait de mes pensées ! »

LÉO, *lisant*
« Léo, si tu pouvais déchiffrer le cachet
Des quelques vers si pâles que je t'ai envoyés… »

JEANNE, *écrivant*
« … Tu trouverais la ville dont longuement, je languis
Qu'un bel amant brillant vienne égayer l'ennui… »

LÉO, *déchiffrant le cachet*
Issoudun ! Elle est à Issoudun !

JEANNE ET LÉO, *déclamant et lisant*
« Léo, mon doux Léo, superbe et généreux,
Tu m'enivres, je crois… »

JEANNE, *déclamant*
« Et ma vie et mes vœux
S'envolent avec ces mots qui voyagent vers toi. »

JEANNE, *déclamant*
« Et sans borne, sans crainte, je te dis : rejoins-moi ! »

LÉO, *lisant*
« Rejoins-moi ! »

JEANNE
« Jeanne. »

LÉO, *lisant*
« Ta Jeanne… »

JEANNE, *déclamant*
« La Jeanne qui est à toi. »

LÉO
Jeanne !

EDMOND
Léo !

LÉO, *arrivant en courant*
Edmond !

EDMOND, *se contenant*
Je me casse le dos à t'écrire un rôle…

LÉO, *extatique*
Et je suis en retard, je sais, mais tout ça va changer, elle m'a répondu !

EDMOND
Quoi ?

LÉO, *brandissant la lettre*
Elle m'a écrit ! Au théâtre !

EDMOND, *tentant d'attraper la lettre*
Es-tu bien sûr que cette lettre est pour toi ?

LÉO, *lisant*
« Léo, mon doux Léo, superbe et généreux ! »

EDMOND, *tentant d'attraper la lettre*
Donne-moi ça !

LÉO, *continuant de lire*
« Jeanne, ta Jeanne, la Jeanne qui est à toi. »
Elle m'aime ! C'est toi qui avais raison !

EDMOND, *catastrophé*
Léo…

LÉO
Je pars, je la rejoins, je vais à Issoudun ! Je serai de retour demain, pour le filage !

EDMOND, *tentant de le retenir*
Non, non, non !

LÉO, *déjà loin*
À demain !

MARIA, *revenant*
Ma vue me joue des tours, ou c'est bien Volny qui repart sans avoir mis un pied sur la scène ?

EDMOND, *mauvaise foi absolue*
Volny ? Non ! Retournez dans vos loges. *(Pour lui-même.)* Catastrophe. Catastrophe. Catastrophe.

LUCIEN
On reprend le balcon ?

EDMOND
Oui. Sans moi.

LUCIEN
Pardon ?

EDMOND
Je dois partir. M'isoler. Écrire, je dois écrire !

COQUELIN
Mais la pièce est finie !

EDMOND
Pas forcément ! Je reviens tout à l'heure. Demain.

LUCIEN
Tout à l'heure ou demain ?

EDMOND, *partant*
Je ne sais pas ! *(Pour lui.)*... Mais qu'est-ce que je fais ? Qu'est-ce que je fais ? Qu'est-ce que je fais ?

39. Gare d'Austerlitz

Edmond arrive en courant au guichet de la gare.

EDMOND
Le prochain train pour Issoudun !

L'EMPLOYÉ DE LA GARE
Vous venez de le rater. Le prochain dans trois heures.

EDMOND
Trois heures ?!

L'EMPLOYÉ DE LA GARE
C'est très facile : vous prenez la Compagnie du chemin de fer de Paris à Orléans, il y a une Bourbonnais qui vous amène jusqu'à Châteauroux, ensuite vous prenez la Compagnie de chemins de fer français jusqu'à Bourges, et là vous prenez un tram. Ou alors vous prenez la voiture publique, c'est direct.

40. Gare routière

Edmond change de tactique : il monte dans une voiture publique.

EDMOND
C'est bien la voiture publique pour Issoudun ?

LE CHAUFFEUR
Absolument. On part !

Les chevaux démarrent.

EDMOND
… Pas de correspondances ?

LE CHAUFFEUR
Aucune. Dans six heures on y est.

41. Train

Le train dans lequel Léo voyage s'arrête soudainement en pleine voie.
Le contrôleur fait une annonce d'une voix fatiguée :

LE CONTRÔLEUR
Mesdames, mesdemoiselles, messieurs, en raison d'un mouvement social, notre train est arrêté en pleine voie…

42. Voiture

Edmond, dans la voiture, ballotté dans tous les sens, commence à se sentir mal.
La voiture s'arrête soudain devant une auberge.
Des gens descendent. Edmond ne comprend pas.

EDMOND
C'est fini ? On est arrivés ?

LE CHAUFFEUR

Non, il est midi, c'est l'arrêt-déjeuner ! On repart dans une heure.

43. Hôtel de l'Étape d'Issoudun

Léo arrive enfin à Issoudun, une ville dont Balzac disait que « même Napoléon s'y ennuierait ».
Il se rend directement à l'hôtel de l'Étape. Il s'avance vers le comptoir, derrière lequel se tient un réceptionniste guindé.

LÉO

La chambre de Jeanne d'Alcy, s'il vous plaît. Habilleuse, sur *Le Dindon.*

LE RÉCEPTIONNISTE

Et vous êtes… ?

LÉO

… attendu.

Le réceptionniste fouille suspicieusement dans son registre.

LE RÉCEPTIONNISTE

Chambre 308.

LÉO, *y allant*
Merci !

Au moment où il sort, Edmond fait son entrée, épuisé, dans le hall de l'hôtel, moulu, se tenant le dos. Il s'avance, boitant presque.

EDMOND
La chambre de Jeanne d'Alcy, s'il vous plaît.
Elle est habilleuse. Sur *Le Dindon.*

Le réceptionniste regarde Edmond, puis le couloir, puis Edmond de nouveau.

LE RÉCEPTIONNISTE, *calme*
… Et vous êtes ?

EDMOND,
Je suis… Je suis… *(Cherchant un prénom, et ne trouvant que :)* Georges.

LE RÉCEPTIONNISTE, *ouvrant de grands yeux*
Feydeau ?! Monsieur Feydeau ?

EDMOND, *après une courte hésitation*
Absolument.

LE RÉCEPTIONNISTE, *tout sourire*
Georges Feydeau ! J'adore vos pièces ! Je les ai toutes vues ! *Le Dindon*, *Les Fiancés de Loches*…

L'Hôtel du libre-échange ! (Citant.) « Madame Paillardin, votre thé bout » ! Ah, j'ai ri, j'ai ri ! Pardon, ce sera la chambre 308, troisième étage ! *(Lui tendant un papier.)* Serait-il déplacé de vous demander un autographe ?

EDMOND, *signant le papier*
… Bien sûr. C'est à quel nom ?

44. Couloir, hôtel de l'Étape d'Issoudun

Léo arrive dans le bon couloir, cherche la bonne porte, finit par la trouver. Il va pour frapper :

EDMOND, *l'arrêtant*
Léo ! Attends !

LÉO, *bas*
Edmond ? Qu'est-ce que tu fiches là ?

EDMOND, *bas*
Je t'en supplie, n'y va pas.

LÉO, *bas*
Tu m'as suivi jusqu'ici ?

EDMOND, *bas*
Cette fille… elle n'est pas bien pour toi !

LÉO
Pas bien pour moi ? Elle est belle, elle est brillante et elle m'aime !

EDMOND
Oui, mais justement elle ne t'aime pas *toi* !

LÉO
Comment ça ? Tu crois qu'elle connaît un autre Léo au théâtre de la Porte-Saint-Martin ?

EDMOND
Oui ! Enfin non… c'est compliqué.

LÉO
C'est toi qui es compliqué, Edmond ! Il n'y a pas plus simple que moi !

EDMOND
Mais justement… *(Léo frappe à la porte de Jeanne.)* Oh ! non… Non, non…

JEANNE, *off*
Qui est-ce ?

LÉO
C'est moi ! Léo !

Edmond, paniqué, se cache derrière une plante verte. Jeanne ouvre, tombe nez à nez avec Léo. Bouche bée.

LES IMAGES DU FILM

Photos : © Nicolas VELTER.

Les spectateurs sortent de la salle : c'est un demi-échec, Edmond entend leurs impressions : « Ennuyeux... », « J'ai dormi, je crois... », etc.

(p. 19)

Edmond soupire, avale une pilule, et se retrouve devant la page blanche. Il tente d'écrire, mais il rature, raye, jette le papier à la poubelle. Les jours passent sans qu'il retrouve l'inspiration...

(p. 27)

Il se réfugie dans un café : la brasserie « Chez Honoré ». C'est une grande brasserie parisienne, dont le gérant est Monsieur Honoré, un grand Noir d'une cinquantaine d'années, fils d'esclave affranchi, adopté par un patron de café, dont il a hérité à sa mort.

(p. 33 & 34)

Edmond pénètre timidement dans la loge. Coquelin, ogre attachant, capitaine de navire théâtral, est aux prises avec Ange Floury, un Corse d'une soixantaine d'années, petit et sec, accompagné de Marcel Floury, son frère, massif.

(p. 41)

Cabaret du « Moulin-Rouge »
Edmond partage une table avec son ami Léo Volny, trente ans.
Ami d'Edmond, jeune comédien célibataire, dandy bohème et beau garçon, Léo est l'antithèse d'Edmond.

(p. 51)

MARCEL : « Monsieur Rostand, nous allons faire simple : si Maria Legault ne joue pas Roxane, nous retirons nos parts, Coquelin perd son théâtre, vous perdez votre pièce et tout le monde aura perdu son temps ! »

(p. 112)

Maria / Roxane, fort : « *Mais tout d'abord merci, car ce drôle, ce fat, Qu'au brave jeu d'épée, hier, vous avez fait mat... C'est lui, qu'un grand seigneur épris de moi...* » On s'est arrêté de faire du bruit autour d'elle. Elle se tourne vers Coquelin, attendant sa réplique.

(p. 125)

Maria, *à la cantonade* : « Mon fils, François, il était avec moi à l'instant... Ah ! Edmond ! Ma loge n'est pas assez éclairée, c'est une CAVERNE ! Les costumes ne vont pas DU TOUT ! Et quand est-ce que les décors ARRIVENT ? »

(p. 158)

Musique ! Le soir même, « Aux Belles Poules », un établissement de plaisir. Des filles partout, de tous les genres, de toutes les nationalités. Très dénudées.

(p. 194)

Monsieur Honoré s'approche de la tablée. Il les regarde un moment, cherchant ses mots. Puis il dépose sur leur table le manuscrit de *Cyrano*, qu'il vient de lire. On entend alors les premières notes du *Boléro* de Ravel

(p. 211)

Agressif : « Moi, monsieur, si j'avais un tel nez, Il faudrait sur-le-champ que je me l'amputasse ! » (Pas de réaction) *Descriptif : « C'est un roc !... c'est un pic !... c'est un cap ! Que dis-je, c'est un cap ?... C'est une péninsule ! »*

(p. 236)

Jeanne regarde autour d'elle, les spectateurs la scrutent. Elle est sur scène, elle foule des pieds le plateau. Coquelin la regarde, elle est tétanisée. Il se découvre, elle se découvre. Elle est magnifique.

(p. 246)

Sur scène, derrière le rideau, tous les acteurs attendent la sentence. Puis le public éclate en une immense ovation. Edmond et Coquelin se prennent dans les bras.

(p.269)

Edmond, très digne, se retourne vers la salle, et entre en scène avec les acteurs pour saluer, dans la lumière. Dans la main de Rosemonde, il a laissé la rose.

(p. 277)

LÉO, *se recoiffant*
Bonsoir.

À sa grande surprise, elle le saisit par le col, le fait entrer dans la chambre, et claque la porte derrière lui.

45. Chambre de Jeanne,
hôtel de l'Étape d'Issoudun

JEANNE, *défaisant sa coiffe*
Je savais que vous viendriez, je le savais ! Nous n'avons pas beaucoup de temps : ma colocataire revient après le spectacle.

Jeanne commence à se déshabiller. Léo n'en revient pas, mais la suit :

LÉO, *enlevant sa veste*
Entendu. Mais pourquoi cet accès soudain de… ?

JEANNE
Pourquoi ? Vous le savez bien, modeste !

LÉO
Ah ?

JEANNE
Vous devriez écrire. Des romans, des pièces !

LÉO
Moi ? Pourquoi cela ?

JEANNE
Taquin ! Parce que vous avez un talent extraordinaire.

LÉO, *flatté*
Ah… merci, mais quel talent exactement… ?

Jeanne fait tomber sa jupe et apparaît à Léo en déshabillé. Elle est ravissante.

JEANNE
Vous disiez ?

LÉO, *bouche bée*
Rien.

JEANNE, *s'avançant*
« Le moment vient d'ailleurs inévitablement où chaque joli mot que nous disons rend triste… »

Elle va pour l'embrasser, mais Léo se recule.

LÉO
Qu'est-ce que vous avez dit ?

JEANNE
Mais… ce que vous m'avez écrit.

LÉO, *surpris*
Ce que je vous ai écrit ?

JEANNE, *jouant le jeu*
Bien sûr ! Vous m'avez bien écrit, non ?

LÉO, *sans comprendre*
Je vous ai… Je vous ai bien écrit, oui… *(Jeanne montre les lettres d'Edmond, dispersées dans la chambre.)* Ah oui, je vous ai beaucoup écrit !

JEANNE
Tous les jours.

LÉO
Tous les jours ?

JEANNE
Oui, deux fois.

LÉO
Deux fois !

JEANNE
Tant d'esprit ! Tant de verve ! Il faut que je te demande pardon.

LÉO
De quoi donc ?

JEANNE
De t'avoir fait l'insulte de t'aimer – au début – pour ta seule beauté. Puis sous le balcon, tu m'as dit des choses si jolies que, ta beauté m'arrêtant, ton âme m'entraînant, je t'aimais pour les deux ensemble.

LÉO
Ah. Et maintenant ?

JEANNE
Maintenant ? Mais depuis tes lettres, ce n'est plus que pour ton âme que je t'aime. Et si toute ta beauté tout d'un coup s'envolait…

LÉO
Tu m'aimerais encore… ? Non ?

JEANNE
Si ! Laid.

Léo soupire. Il va pour se rhabiller.

JEANNE
Qu'est-ce que tu fais ? J'ai dit quelque chose qu'il ne fallait pas ?

LÉO
Au contraire, c'est moi qui fais ce qu'il faut faire.

JEANNE
Reste donc ! Tout ce que je dis, c'est que j'aime ton génie d'un amour profond !

LÉO
Oui, eh bien, au risque de te décevoir, et à mon grand regret, je dois avoir une petite conversation avec mon génie.

Il sort de la chambre, brusquement.

JEANNE
Mais comment ça ? Léo !

46. Hall, hôtel de l'Étape d'Issoudun

Feydeau arrive à l'accueil, moustache fine, habillé comme un auteur à succès.

FEYDEAU
La chambre de Jeanne d'Alcy, s'il vous plaît.
Elle est habilleuse. Sur *Le Dindon.*

Le réceptionniste lève les yeux, estomaqué.

LE RÉCEPTIONNISTE
Et vous êtes ?

FEYDEAU
Georges Feydeau. L'auteur.

Le réceptionniste regarde Feydeau, incrédule.

LE RÉCEPTIONNISTE
Vous n'êtes pas Georges Feydeau.

FEYDEAU
Je suis Georges Feydeau.

LE RÉCEPTIONNISTE
C'est une maison sérieuse, ici, monsieur !

FEYDEAU
Sans doute, et je suis très sérieux !

LE RÉCEPTIONNISTE
Je ne sais pas qui vous êtes, monsieur, mais…

FEYDEAU
Eh bien ! Je vous le dis : je suis Georges Feydeau !

LE RÉCEPTIONNISTE, *s'énervant*
Vous n'êtes pas Georges Feydeau !

FEYDEAU
Enfin c'est insensé ! Puisque je vous dis que je suis Georges Feydeau.

LE RÉCEPTIONNISTE
Non, monsieur, non !

FEYDEAU
Mais si !

LE RÉCEPTIONNISTE
Mais non !

FEYDEAU, *s'énervant*
Mais enfin, qui voulez-vous que je sois ?

LE RÉCEPTIONNISTE
Je ne sais pas, mais Georges Feydeau est dans la chambre de Mademoiselle d'Alcy depuis au moins dix minutes !

FEYDEAU, *estomaqué*
Plaît-il ?

LE RÉCEPTIONNISTE, *apercevant Edmond qui descend en courant*
Et d'ailleurs le voilà, Georges Feydeau !

FEYDEAU, *écarquillant les yeux*
Edmond ?!

EDMOND, *sans se démonter*
Georges !

FEYDEAU
Mais qu'est-ce que vous fichez là ?!

EDMOND, *allant à lui*

Longue histoire ! Longue histoire ! *(Au réceptionniste :)* Monsieur, le chemin de la gare, s'il vous plaît ? *(Le réceptionniste reste interdit.)* Pas grave, je trouverai !

Edmond part en courant vers la sortie, et sort au moment où arrive Léo, colère montante, qui descend les escaliers à la hâte,

FEYDEAU, *incrédule, qui le voit arriver*

… Volny ?

LÉO, *se contenant*

Ah ! Georges ! Dis-moi, tu n'as pas vu Edmond ?

FEYDEAU, *montrant la sortie*

Il vient de sortir.

LÉO, *se dirigeant vers la sortie*

Parfait, et il t'a dit où il allait ?

FEYDEAU, *sans comprendre*

À la gare.

LÉO, *en sortant*

Merci bien, bonne soirée à toi !

Jeanne arrive dans le hall, en courant et en déshabillé :

JEANNE
Léo ! Léo !

FEYDEAU, *apercevant Jeanne*
Jeanne ?!

JEANNE, *paniquée d'être surprise à l'hôtel plutôt qu'au théâtre*
Monsieur Feydeau ?!

FEYDEAU
Pourquoi n'êtes-vous pas au théâtre ?

JEANNE
Pardon ! je me suis assoupie !

FEYDEAU, *estomaqué*
Assoupie ! Avec qui !?

JEANNE
Je remonte me changer !

Jeanne remonte à la hâte. Feydeau fusille le réceptionniste du regard.

LE RÉCEPTIONNISTE, *tendant un papier*
… Serait-il déplacé de vous demander un autographe ?

47. Gare d'Issoudun

Le cheminot siffle le départ.

EDMOND, *arrivant en courant*
Attendez ! Attendez !

Edmond arrive, rouge, essoufflé, et saute dans le train, qui déjà se meut. Edmond entre dans le wagon, s'assied, manque d'air, reprend son souffle.

LÉO, *sautant sur lui*
Edmond !

EDMOND, *sursautant*
Ah !… Je peux tout expliquer !

LÉO, *en colère*
Ces lettres, toutes ces lettres ! Combien de lettres ?

EDMOND
Beaucoup, beaucoup trop ! Mais je dois finir ma pièce !

LÉO
Quel rapport entre ta pièce et ces lettres ?

EDMOND
Le rapport, c'est Jeanne !

LÉO
Jeanne est ta maîtresse ?

EDMOND
Jeanne est ma muse ! Platonique ! Et je sais que c'est difficile à comprendre, mais si elle passe dans ta couche, c'en est fini de notre relation épistolaire, et sans cette relation, je n'arrive pas à écrire.

LÉO
Mais tu es complètement dérangé !

EDMOND
Bien sûr ! Je suis auteur ! Léo, sans lettres, il n'y a plus de pièce, et sans pièce, tu n'as plus de travail.

LÉO
Mais si je l'aime, moi ?

EDMOND
Je te demande seulement d'attendre la première.

LÉO
Edmond, c'est l'auteur de ces lettres qu'elle aime !

EDMOND
Mais non ! Et puis elle ne saura jamais que c'est moi !

LÉO
Tu crois ? Et quand elle viendra voir *Cyrano* ? Quand elle se rendra compte que je ne suis pas poète ? Que je ne sais pas écrire ?

EDMOND, *après un temps de réflexion*
… Il y aura d'autres femmes !

LÉO
Il y aura d'autres pièces !

48. Scène, théâtre de la Porte-Saint-Martin, 12 décembre

COQUELIN
Il y aura un autre acte ?

EDMOND, *distribuant ses pages aux acteurs*
Ou deux. Je ne sais pas encore.

COQUELIN
Mais on joue dans quinze jours !

EDMOND
Je sais, je sais ! Acte quatre : de Guiche envoie Christian et Cyrano au siège d'Arras, dans l'espoir qu'ils y périssent. Le siège est très dur, la faim les

tenaille, mais tous les jours, Cyrano traverse les lignes ennemies pour poster une lettre à Roxane.

LE VIEUX CABOT

Tous les jours ?

LÉO, *encore énervé*

Oui, deux fois !

Léo sort et va en coulisses, furieux. Autour, les acteurs se préparent à un filage.

JEAN

Et après, que se passe-t-il ?

EDMOND

Je ne sais pas.

ANGE

Et Roxane, que fait-elle ?

EDMOND

Je ne sais pas.

MARIA, *entrant*

Quelqu'un a vu François ?

LA VIEILLE ACTRICE

… Qui ça ?

MARIA, *à la cantonade*

Mon fils, François, il était avec moi à l'instant... Ah ! Edmond ! Ma loge n'est pas assez éclairée, c'est une CAVERNE ! Les costumes ne vont pas DU TOUT ! Et quand est-ce que les décors ARRIVENT ?

EDMOND

JE NE SAIS PAS !

COQUELIN, *tout sourire*

Bientôt, bientôt, Maria ! Tenez, Edmond a écrit de nouvelles scènes.

MARIA

Encore ! Il faut l'enfermer !

Un bruit sourd, de l'orchestre. La musique s'arrête. Un gamin d'une douzaine d'années vient de chuter sur les musiciens. Il se met à pleurer.

MARIA, *se ruant vers lui*

François ! François ! Mon chéri !

COQUELIN, *bas, à Edmond*

... On pourrait peut-être tuer Roxane ?

Edmond jette un regard entendu à Coquelin.

MARIA
François, mon petit cœur, tu n'as rien ?

Maurice, un jeune musicien, entre sur scène.

COQUELIN
Maurice ?

MAURICE
Tout va bien, il n'a rien cassé…

MARIA, *revenant*
Rien cassé ? C'est lui qui aurait pu se rompre le cou ! Et je n'ai personne pour le surveiller !

ANGE
Je vais l'amener en salle…

MARIA
Je peux me débrouiller, merci !

Maria s'éloigne.

MAURICE
Monsieur Coquelin, je peux vous poser une question ?

COQUELIN
Bien sûr, Maurice.

MAURICE
Avec les copains du conservatoire, on se demandait… Est-ce qu'on sera payés, cette fois ?

COQUELIN, *rassurant*
Bien sûr ! Bien sûr !

Edmond et Coquelin s'éloignent.

EDMOND, *bas*
Seront-ils payés ?

COQUELIN, *bas, à Edmond*
Neigera-t-il en août ?

MARIA, *à Edmond, revenant*
Edmond, j'aurais aimé être prévenue qu'on allait me coller une nouvelle habilleuse dans les pattes !

Edmond lève un sourcil : « Quelle habilleuse ? » Léo arrive précipitamment, saisit Edmond par le bras et l'éloigne de Coquelin.

LÉO, *paniqué*
Edmond. Edmond. Edmond.

EDMOND
Léo ? Léo ? Léo ?

LÉO, *paniqué*
Qu'est-ce que tu as dit à Rosemonde, hier soir ?

EDMOND, *sur ses gardes*
... À Rosemonde ? Rien. Je ne l'ai pas vue, j'ai passé la nuit ici. Pourquoi ?

LÉO
Parce qu'elle est là.

EDMOND, *paniqué*
Elle est là ?

LÉO
Oui, et elle veut me parler, et elle n'est pas la seule !

JEANNE
LÉO !

Edmond tourne la tête et découvre Jeanne, à quelques mètres.

EDMOND, *abasourdi*
Jeanne ?

ROSE
LÉO !

Léo et Edmond se retournent : de l'autre côté, Rosemonde, avec les enfants.

EDMOND
Rosemonde.

LÉO, *paniqué*
Edmond ?

EDMOND
Léo ?

LÉO
Qu'est-ce qu'on fait ?

EDMOND, *après un temps de réflexion*
… Si elle te demande, j'étais ici en train d'écrire. Surtout, tu ne parles pas d'Issoudun. Tu t'occupes de Jeanne, je m'occupe de Rose.

Léo part s'occuper de Jeanne, à cour. Edmond va directement à sa femme, à jardin.

EDMOND
Rose ! Mon ange…

ROSE
Pousse-toi, je veux parler à Léo.

EDMOND
Il se prépare pour un filage, qu'est-ce que tu lui veux ?

ROSE, *à Edmond*
Je veux savoir où tu étais hier soir !

EDMOND
Mais enfin, pourquoi Léo saurait mieux que moi ? j'étais ici en train d'écrire…

ROSE, *fort, à Léo*
Léo ! Où était Edmond, hier soir ?

LÉO, *fort, se retournant*
À Issoudun !

ROSE
QUOI ?

EDMOND, *fulminant*
Léo !

LÉO, *se rattrapant*
Non ! Non ! J'étais MOI à Issoudun ! Edmond était ici, en train d'écrire !

EDMOND, *à Rose*
Tu vois ?

LÉO, *à Jeanne*
Qu'est-ce que tu fais là ?

JEANNE
C'est à cause de tes lettres.

LÉO
Encore ces fichues lettres !

JEANNE
Je suis venue pour toi.

LÉO
Merveilleux. Attends-moi à la brasserie, je te rejoins après.

JEANNE
Inutile, je reste.

LÉO
Tu restes ? Comment ça, tu restes ?

JEANNE
Je suis la nouvelle habilleuse de Maria Legault.

LÉO
QUOI ?

ROSE
À qui parle Léo ?

EDMOND
À qui il parle ? À une fille, tu le vois bien !

ROSE
Comment s'appelle-t-elle ?

EDMOND
Comment le saurais-je ? *(Happant Coquelin, au passage.)* On commence, on commence !

COQUELIN, *rugissant*
ON COMMENCE !

LUCIEN, *reprenant*
On commence ! On commence ! Tout le monde en place !

JEANNE
Le filage commence. Je serai en coulisses.

LÉO
Mais… Mais…

ANGE
Maria, veux-tu que l'on s'occupe de François ?

MARIA
Edmond ! Dites à ces messieurs de laisser mon fils tranquille !

EDMOND, *sautant sur l'occasion*
Messieurs, s'il vous plaît, laissez les artistes travailler ! *(À Rose, les poussant vers la salle :)* Rose, je te vois tout à l'heure. Merci d'être passée ! On commence !

On frappe les trois coups, le filage commence.

49. Scène, théâtre de la Porte-Saint-Martin – Filage

Jean déclame :

JEAN/DE GUICHE, jouant très faux
Un poète est un luxe, aujourd'hui, qu'on se donne.
– Voulez-vous être à moi ?

COQUELIN/CYRANO
Non, monsieur, à personne.

JEAN/DE GUICHE, jouant très faux
Votre verve amusa mon oncle Richelieu,
Hier. Je veux vous servir auprès de lui.

LE VIEUX CABOT, souffrant d'entendre le texte massacré
Grand Dieu !

JEAN/DE GUICHE, jouant très faux
Vous avez bien rimé cinq actes, j'imagine ?

LE VIEUX CABOT/LE BRET, à l'oreille de Cyrano
Tu vas faire jouer, mon cher, ton Agrippine !

JEAN/DE GUICHE, jouant très faux
Portez-les-lui.

LE VIEUX CABOT
Non, excusez-moi, mais… (Montrant l'intonation :)
Portez-les-lui.

JEAN/DE GUICHE, jouant très faux
Portez-les-lui.

LE VIEUX CABOT, corrigeant
Portez-les-lui.

JEAN/DE GUICHE, jouant toujours très faux
Portez-les-lui.

COQUELIN/CYRANO, tenté et un peu charmé
Vraiment…

JEAN/DE GUICHE, jouant très faux
Il est des plus experts.
Il vous corrigera seulement quelques vers…

Le vieux cabot soupire. La vieille actrice secoue la tête.

COQUELIN/CYRANO
Impossible, monsieur ; mon sang se coagule
En pensant qu'on y peut changer une virgule.

JEAN/DE GUICHE, jouant très faux
Mais quand un vers lui plaît, en revanche, mon cher,
Il le paye très cher.

LE VIEUX CABOT
Non ! Non ! (Jouant mieux :)
Mais quand un vers lui plaît, en revanche, mon cher,
Il le paye très cher.

COQUELIN
C'est ce qu'il a dit !

LA VIEILLE ACTRICE, *bas*
Oui, mais si mal…

COQUELIN/CYRANO
Il le paye moins cher que moi, lorsque j'ai fait un vers, et que je l'aime,
Je me le paye, en me le chantant à moi-même !

JEAN/DE GUICHE, jouant très faux
Vous êtes fier.

LE VIEUX CABOT, corrigeant
Vous êtes fier.

JEAN/DE GUICHE, jouant encore plus faux
Vous êtes fier.

LE VIEUX CABOT, *corrigeant*
Sans chanter ! *Vous êtes fier.*

JEAN/DE GUICHE, jouant encore plus faux
Vous êtes fier.

COQUELIN, *à Edmond dans la salle*
Écoutez, Edmond, je crois qu'il y a un problème, dans cette scène, le dialogue ne semble pas très juste… Passons au balcon, voulez-vous ?

Ils se mettent en place pour le balcon. Edmond s'arrache les cheveux.

MARIA
Ah ! parfait, parfait ! Je croyais que c'était un filage, mais ce n'est qu'une énième répétition ! Parfait, de mieux en mieux, quel professionnalisme ! Volny ! Où est Volny ?

LÉO
Je suis là ! Je suis là ! Où reprend-on ?

COQUELIN
Si mes mots sont hésitants…

Léo, Coquelin et Maria entament la scène du balcon.
Jeanne, en coulisses, surveille la scène, tandis que le filage continue.

LÉO/CHRISTIAN, répétant
Si mes mots sont hésitants… c'est parce qu'il fait nuit.
Dans cette ombre… à tâtons… ils cherchent votre oreille.

MARIA/ROXANE
Les miens n'éprouvent pas difficulté pareille.

Jeanne tend l'oreille. Ces mots… elle les a déjà entendus.

LÉO/CHRISTIAN, répétant
Ils trouvent tout de suite ? Oh… Cela va de soi,
Puisque c'est dans mon cœur, eux, que je les reçois.
Or moi… j'ai le cœur grand… vous l'oreille petite.
D'ailleurs, vos mots à vous descendent… Ils vont vite.
Les miens montent, madame… il leur faut plus de temps.

Jeanne découvre le balcon, la pièce, les mots des lettres.

50. Scène, théâtre de la Porte-Saint-Martin

Fin du filage. Quelques timides applaudissements.

COQUELIN
Merci, merci à tous !

LUCIEN
Chacun range ses accessoires, et pensez à apprendre le nouveau texte pour demain !

COQUELIN
Merci, les amis. Vous étiez tous très bien !

LA VIEILLE ACTRICE, *bas*
Ça ne marchera jamais. On n'ira pas jusqu'à la première.

LE VIEUX CABOT, *bas*
J'ai déjà vu ça. C'était sur *Baise-moi ma mignonne,* à Calais…

MARIA, *hurlant*
FRANÇOIS ! FRANÇOIS, OÙ ES-TU ?

51. Coulisses, théâtre de la Porte-Saint-Martin

Jeanne coince Léo dans un coin :

JEANNE
Bravo, monsieur, vous m'avez bien bernée.

LÉO
Jeanne, je vais tout expliquer.

JEANNE, *à part*
Pas besoin, j'ai compris. C'était du Rostand. *(Léo la regarde, sans comprendre.)* Toutes les lettres proviennent de la pièce ! Vous avez pioché allègrement les vers qui vous convenaient !

LÉO, *s'excusant*
Mais pas du tout !

JEANNE, *à part*
Ou peut-être est-ce vous l'auteur ?

LÉO
Jeanne, calme-toi…

JEANNE, *avisant Edmond*
Tenez, Georges, votre ami n'est qu'un rustre, un goujat, un vulgaire copieur !

LÉO, *appuyant*
Tu entends, *Georges* ? Je suis un *vulgaire copieur*. Mais au fait, *Georges,* qu'est-ce que tu fais ici ?

JEANNE, *à Léo*
Ne déviez pas l'attention sur ce pauvre Georges !

MARIA, *furieuse*
Jeanne ! Vous croyez que je vais me déshabiller toute seule ? Léo, ne t'avise pas de toucher à mon habilleuse. Et vous, Edmond ! Dépêchez-vous d'aller finir cette pièce, plutôt que de bayer aux corneilles !

Jeanne écarquille les yeux.

JEANNE, *à Edmond*
Elle vous a appelé *Edmond.*

EDMOND, *innocent*
Moi ?

JEANNE, *à Léo*
Elle l'a appelé *Edmond* !

LÉO, *sarcastique*
Tu crois ?

JEANNE, *à Edmond*
Vous êtes Edmond Rostand !

EDMOND, *de mauvaise foi*
Pas du tout !

COQUELIN, *arrivant*
Ah ! Edmond, le filage, qu'en avez-vous pensé ?

MARCEL
Edmond, les costumes ne vont pas du tout.

ANGE, *arrivant*
Dites, Edmond, vos acteurs, ils ne jouent pas tous très bien !

MARIA, *hurlant*
JEANNE !

Jeanne la suit, sans parvenir à quitter des yeux Edmond.

MARCEL
C'est surtout le gros, là, qui joue le méchant… Qui est-ce ?

COQUELIN
C'est mon fils.

MARCEL
Ah.

ANGE
Mais comment peut-il jouer si mal ? On dirait qu'il le fait exprès !

EDMOND, *s'éclipsant*
Excusez-moi, messieurs… j'ai besoin d'un peu de calme.

COQUELIN, *à Ange*
Quand vous dites qu'il joue mal… que voulez-vous dire, exactement ?

52. *Loges, théâtre de la Porte-Saint-Martin*

Edmond parcourt les couloirs des loges à la recherche de…

EDMOND
Léo ? Tu es là ? Léo ? *(Il entre dans une petite loge.)* Mon Dieu, dans quel pétrin je suis… *(Jeanne entre à sa suite, et claque la porte derrière elle.)* Ah !

JEANNE
Alors c'était vous.

EDMOND, *se reprenant*
… C'était moi, oui. Edmond Rostand, l'auteur. Pour les boucles blondes et le front de burgrave, vous repasserez…

JEANNE
Les lettres. C'étaient vos mots, vos sentiments.

EDMOND
Je ne sais pas de quoi vous parlez.

JEANNE
Les lettres. Léo m'a tout dit.

EDMOND
Jeanne… Je peux tout vous expliquer.

JEANNE
Tant mieux. Léo n'a rien voulu me dire.

EDMOND, *soupirant*
Certes, je vous ai écrit… mais je ne vous aime pas, et vous ne m'aimez pas. Vous aimez Léo.

JEANNE
Non.

EDMOND
Non ?

JEANNE, *s'approchant*
Plus maintenant. Maintenant, j'aime l'auteur de ces lignes, fût-il laid ou défiguré, ce que vous n'êtes pas.

EDMOND
Jeanne, je suis marié.

JEANNE, *s'approchant*
Et ?

EDMOND
J'ai deux enfants.

JEANNE, *s'approchant*
Et ?

EDMOND
J'aime ma femme.

JEANNE, *très proche de son visage, désormais*
Alors pourquoi m'avez-vous écrit ?

EDMOND, *chuchotant*
Parce que vous… m'inspirez. Parce que je vous désire. Parce que pour votre beauté et votre esprit, je pourrais tout quitter, tout défier, tout vaincre. Mais au-delà de votre beauté et votre esprit, il est une qualité que vous possédez, et que je n'ai vue en aucune femme sauf la mienne, il y a si longtemps.

JEANNE
Laquelle ?

EDMOND
Vous m'admirez. Avec vous, j'ai retrouvé le pouvoir de faire briller les yeux d'une femme. En écrivant des rimes.

JEANNE
Mes yeux brillent, en effet… Embrassez-moi.

EDMOND
Non.

JEANNE
Non ?

EDMOND
Non, vous ne comprenez pas. Seul compte le désir. Le désir pousse les hommes à conquérir des empires, à écrire des romans ou des symphonies. Mais, lorsqu'il est assouvi, les hommes cessent leurs exploits.

JEANNE
Et mon désir, à moi ? Si mon désir est de vous arracher à vos enfants qui crient, à votre femme qui ne vous admire plus ? Si mon désir à moi est d'assouvir ce désir ?

EDMOND
Roxane…

JEANNE
Jeanne.

EDMOND
Roxane vient les rejoindre !

JEANNE
Pardon ?

EDMOND
Elle saute dans un carrosse, enivrée par ses lettres ! Elle traverse les lignes, elle rejoint son mari.

JEANNE
Christian ?

EDMOND
Christian, oui ! Elle apporte des victuailles pour tout le monde, et quand finalement ils se retrouvent seuls, elle lui dit : c'est à cause des lettres.

JEANNE
Bien sûr.

EDMOND
Christian comprend qu'elle ne l'aime pas, il va à Cyrano et lui dit : c'est toi qu'elle aime ! Cyrano n'ose pas y croire mais il retrouve Roxane, il va le lui dire, plus rien ne s'oppose à leur amour !

JEANNE, *s'approchant*
Plus rien ?

EDMOND, *l'arrêtant*
Plus rien, sauf… la mort de Christian, tué par un mousquet. Cyrano ne peut plus rien dire, il se mure dans le silence, à jamais.

JEANNE, *dont les yeux brillent*
À jamais…

Elle se penche vers Edmond pour l'embrasser. La porte s'ouvre : c'est Rosemonde.

ROSE
EDMOND !

EDMOND, *se retournant*
Rosemonde ! Qu'est-ce que tu fais là ?!

ROSE
Qu'est-ce que je fais là ?! Qu'est-ce que TU fais là ?!

EDMOND
Ce n'est pas ce que tu crois ! Pas ce que tu crois du tout !

ROSE, *fureur montante*
Pas ce que JE CROIS ? Que faisiez-vous donc ?!

EDMOND
Nous… répétions. Nous répétions une scène.

JEANNE
Une scène de l'acte quatre.

ROSE
De l'acte quatre ? Il n'y a que trois actes !

EDMOND
Plus maintenant, je te jure. Et puis tu n'as rien à craindre de Jeanne…

ROSE, *étouffant*
Elle s'appelle Jeanne !

EDMOND
… Parce que c'est la fiancée de Léo !

JEANNE
Hein ?

ROSE, *s'arrêtant net*
Pardon ?

LÉO, *entrant en courant*
Edmond ! Rose te cherche ! Elle… Qu'est-ce que vous faites là ?

Jeanne n'hésite pas, elle l'interrompt… en l'embrassant ! Un baiser fougueux, passionné.

LÉO, *la tête dans les étoiles*
Tiens, bonjour, Jeanne.

EDMOND
Tu vois ?

ROSE
Mais tu m'as toujours dit que Léo était un célibataire endurci, un don Juan, un…

Edmond interrompt Rosemonde… en l'embrassant aussi ! Un baiser fougueux, passionné.
Entrée des Floury.

MARCEL, *entrant*
Ah ! Vous êtes là, Rostand. *(À la cantonade :)* Il est là !

ANGE
Marcel est allé sonder cet acteur, là, qui est si mauvais…

MARCEL
Celui qui joue de Guiche.

EDMOND
Jean.

ANGE
Voilà. Et il s'avère qu'il est niais.

EDMOND, *se remettant de ses émotions*
Il est peut-être un peu lent, mais il n'est pas si bête.

ANGE
Non, non, il est niais. Novice.

MARCEL
Il est puceau, quoi.

EDMOND, *comprenant*
Ah !

ANGE
Alors voilà : je ne sais pas si vous savez, mais nous possédons un établissement de plaisir, « Aux Belles Poules »…

ROSE
Pardon ?

EDMOND
Plaît-il ?

LÉO
Ah les « Belles Poules », c'est à vous ? *(Se reprenant :)* Enfin, je veux dire… un quoi ?

MARCEL
Un bordel, quoi.

ANGE
Bref ! Peut-être qu'une fois *déniaisé*, le garçon aura plus d'assurance sur scène ? Qu'en pensez-vous ?

MARCEL
Aux frais de la production.

EDMOND, *estomaqué*
Pardon ?

MARCEL
On pense qu'une fois que le garçon aura perdu sa…

EDMOND, *l'interrompant*
Oui, j'ai compris, merci ! Ça n'a aucun sens !

COQUELIN, *entrant*
Edmond ? Vous êtes là ? De quoi parliez-vous ?

ANGE
On parlait de… de *(n'osant pas le dire à Coquelin :)* … de la pièce.

COQUELIN
Eh bien ! Peut-être pourrions-nous en parler sur scène, avec les acteurs ?

EDMOND, *soulagé*
Oui ! Très bonne idée ! Allez ! Tout le monde sur scène ! *(À part :)* Merci, Coquelin.

COQUELIN, *sans comprendre*
Euh… je vous en prie.

EDMOND, *à Rose*
Ma chérie, je te retrouve à la maison ?

Tous sortent de la loge, sauf Jeanne et Léo.

LÉO
Alors ? Nous sommes mariés, maintenant ?

JEANNE
Fiancés seulement.

LÉO, *la prenant dans ses bras*
Si c'est la volonté de l'auteur…

JEANNE, *se dérobant*
Je n'embrasse qu'en public, monsieur le don Juan ! Allez donc aux « Belles Poules », avec vos amis !

53. Appartement d'Edmond

Edmond arrive chez lui, fatigué. Rose l'attend, assise dans le salon.

EDMOND
Désolé d'avoir tardé, ma Rose, c'était le filage le plus calamiteux auquel j'aie jamais assisté. Les décors n'existent pas, les costumes sont en lambeaux, la pièce n'est pas finie, les acteurs sont mauvais, et nos financiers sont tout simplement des proxénètes… Je ne vois pas comment cette journée pourrait empirer !

Rose laisse alors tomber devant lui les lettres, les lettres que Jeanne lui a écrites.
Edmond regarde enfin Rosemonde : elle a les yeux rouges.

EDMOND, *après un temps*
… Je peux tout expliquer.

ROSE, *laissant poindre des larmes*
Explique, Edmond. Explique pourquoi je ne devrais pas retourner chez ma mère avec tes enfants.

EDMOND
Ces lettres sont pour Léo. J'ai écrit pour lui. Elle m'a répondu.

ROSE
Une lettre aurait suffi à lui obtenir les faveurs de cette fille, Edmond. Elle est tombée amoureuse. De toi.

EDMOND
De lui !

ROSE
De lui, vraiment ? Pourquoi ces lettres sont-elles ici, et pas avec Léo ? Les a-t-il lues, au moins ? *(Edmond ne répond pas.)* Et tes lettres, à toi ? Sont-elles aussi belles que celles que tu m'envoyais, au début ? Plus belles, peut-être ?

EDMOND
Rose, ma chérie…

ROSE
Je ne suis plus assez désirable, plus assez jeune ? Il te faut aller chercher l'inspiration ailleurs ?

EDMOND
… Oui.

ROSE, *pour qui ce mot est un coup de poignard*
Oui ?

EDMOND
Oui, l'inspiration ! Pas l'amour. Depuis dix ans, tu me soutiens, tu crois en moi, et malgré chaque échec, tu me relis, me corriges, me rassures. Mais tu doutes, aujourd'hui, et à raison, de mon talent. Cette fille, comme tu dis…

ROSE, *froidement*
Jeanne.

EDMOND
Jeanne croit en moi. Mes mots la font rêver. J'ai besoin d'elle, mon ange, non pas pour en être aimé, mais pour finir ma pièce.

ROSE
Quand je vous ai surpris, elle allait t'embrasser.

EDMOND
Elle allait m'embrasser, et j'allais l'éviter. Cette pièce, mon cœur… Je sens quelque chose en cette pièce. Comme si j'y avais mis tout ce que je n'ai pas : le courage, l'humour, l'héroïsme…

ROSE
L'amour ?

EDMOND
L'amour je l'ai, ma Rose. Un amour réciproque et sincère. Mais dans cette pièce, je parle d'un amour inaccessible, inassouvi, éternel. Accorde-moi ta confiance, mon cœur, jusqu'à la première.

ROSE
Aucun amour n'est éternel, Edmond. Je préfère que tu ne dormes pas ici, ce soir.

Et elle le laisse sur ces mots, avec sa plume et son papier.

54. Scène, théâtre de la Porte-Saint-Martin

Bruits de batailles, fumée, mousquets et canons : c'est le siège d'Arras de l'acte quatre.

UNE VOIX, au-dehors criant
Rendez-vous !

VOIX DES CADETS
Non !

JEAN/DE GUICHE, très faux
Le péril va croissant !

COQUELIN/CYRANO, à de Guiche, lui montrant Roxane
Emportez-la ! Je vais charger !

MARIA/ROXANE, baisant la lettre, d'une voix mourante
Son sang ! ses larmes !...

JEAN/DE GUICHE, très faux
Elle s'évanouit !
(Très fort et très faux :)
Tenez bon !

Maria s'évanouit, à retardement.

COQUELIN/CYRANO, à de Guiche
Vous avez prouvé, monsieur, votre valeur.
(Lui montrant Roxane.) *Fuyez en la sauvant !*

Jean court à Roxane et tente de la soulever. Il n'y arrive pas.

JEAN/DE GUICHE, très faux
Soit ! Mais on est vainqueur si vous gagnez...

LE VIEUX CABOT
... du temps !

JEAN/DE GUICHE
Du temps ! Pardon

COQUELIN/CYRANO
C'est bon ! Adieu, Roxane !

Jean traîne Maria en coulisses, qui crie et le frappe.

MARIA
Aïe ! Faites attention !

Tumulte. Cris. Des cadets reparaissent blessés et viennent tomber en scène. Cyrano se précipitant au combat est arrêté sur la crête par Carbon, couvert de sang.

CARBON
Nous plions ! J'ai reçu deux coups de pertuisane !

COQUELIN/CYRANO, criant aux Gascons
Hardi ! Reculès pas, drollos ! N'ayez pas peur !
J'ai deux morts à venger : Christian et mon bonheur !

Fumée, tout le monde tousse.

COQUELIN/CYRANO
Bien, il y a trop de fumée, Lucien ! Trop de fumée !

LUCIEN, *arrivant*
Oui, monsieur Coquelin.

MARIA
Et trop de bruit ! On s'égosille ! Je vais perdre ma voix avant la première !

COQUELIN
C'est la guerre, Maria, comment voulez-vous qu'il n'y ait pas de bruit ? *(Fort :)* Edmond ! Où est Edmond ?

LÉO
Il dort dans une loge.

EDMOND, *arrivant*
Je ne dormais pas ! J'écris la nuit, alors je... récupère.

COQUELIN
Expliquez-moi, Edmond : Christian est mort. Roxane est dévastée. Nous partons au combat, voués à une mort certaine... où est la comédie ?

EDMOND
Oui, je sais, je sais. Il manque un acte.

MARIA
Encore !

COQUELIN
À la bonne heure ! Et que s'y passera-t-il ? Une fin heureuse ?

EDMOND
Je ne sais pas. Je ne sais pas encore.

COQUELIN
C'est une comédie, Edmond. Une comédie. *(Partant.)* Jeanne, ma manche s'est encore détachée !

LE VIEUX CABOT
La mienne aussi !

MARIA
Peut-on faire quelque chose pour ces costumes ? On dirait qu'ils sont d'époque !

LE VIEUX CABOT
Ils le sont !

ANGE
Dites, Edmond, cet acteur, ça n'est pas possible ! Pas possible !

EDMOND
Oui, je sais, il joue faux, il joue terriblement faux, c'est le pire acteur du monde ! Que voulez-vous que j'y fasse ?

JEAN
De qui parlez-vous ?

> Ils le regardent, tous. Edmond regarde les Floury, et soupire.

55. « Aux Belles Poules »

Musique ! Le soir même, « Aux Belles Poules », un établissement de plaisir.
Des filles partout, de tous les genres, de toutes les nationalités. Très dénudées.
Entrent Edmond, les Floury, et Jean.

EDMOND
C'est une très mauvaise idée. Une très mauvaise idée, je le répète.

Jean regarde, autour de lui, toutes ces femmes à moitié nues.

JEAN
… Papa ne doit rien savoir !

MARCEL, *mentant éhontément*
Il n'en saura rien !

ANGE
Tournée générale !

Acclamation de tout l'établissement. L'absinthe et le champagne coulent à flots.
Suzon, une jolie professionnelle, s'approche du groupe.

SUZON
Alors, patron, quand est-ce que vous me trouvez un rôle dans votre théâtre ? Comme Maria !

ANGE
Bientôt, Suzon, bientôt ! *(Montrant Jean.)* En attendant, occupe-toi de monsieur !

SUZON, *à Jean*
Bonsoir, mon loup, tu montes ?

JEAN, *timide*
Où ça ?

ANGE, *à Suzon*
Fais-le boire. Fais-le beaucoup boire !

EDMOND, *à Marcel*
Comme Maria ? Maria a travaillé ici ?

Marcel écarte les bras, d'un air entendu. Il s'éclipse. Edmond reste dans le salon principal, entouré de jolies tentatrices. Il regarde autour de lui et remarque un autre petit homme, qui tousse. Edmond avale une pilule. L'homme aussi.

EDMOND
Vous êtes malade ?

ANTON, *fort accent de l'Est*
Tuberculose. Et vous ?

EDMOND
Neurasthénie. Vous ne… consommez pas ?

ANTON, *fort accent de l'Est*
Non. *(Montrant son alliance.)* Marié.

EDMOND, *montrant la sienne*
Moi aussi. Comme probablement tous les autres clients de cet établissement, d'ailleurs. Vous n'êtes pas français ?

ANTON
Russe. J'accompagne un ami.

C'est alors qu'apparaît son ami : Constantin Stanislavski, gros croqueur de vie.

CONSTANTIN, *ivre, en russe*
Anton ! Chto ti diélaièch ? Idi siouda ! (Anton ! Qu'est-ce que tu fiches ? Viens !)

ANTON, *en russe*
Constantin Sergueievitch Stanislavski, astavtié minia vpakoyé ! (Constantin Sergueievitch Stanislavski, laisse-moi tranquille !) *(À Edmond :)*
Constantin est celui qui consomme.

EDMOND
Ah. Je vois.

ANTON
Il est grand consommateur.

EDMOND
… Et dites-moi, votre femme, elle sait que vous êtes ici ?

ANTON
Non. Sinon, elle me tue.

EDMOND
Elle est jalouse, elle aussi ?

ANTON
Oui, très.

EDMOND
Et comment faites-vous ?

ANTON
Pour ?

EDMOND
Pour qu'elle ne soit plus jalouse ?

ANTON
Ah. Je lui dis que je vais mourir. Alors, elle me pardonne.

EDMOND
Mais… vous lui mentez ?

ANTON
Non ! Je vais mourir vraiment… Tout le monde meurt vraiment.

EDMOND
Oui, certes, enfin… Tout le monde meurt vraiment…

ANTON
Un jour.

EDMOND, *réfléchissant*
Un jour, oui… et quand ce jour arrive… ce serait grand dommage de ne pas avoir tout dit. (*Tendant la main, illuminé.*)
Merci, monsieur. Edmond Rostand.

ANTON, *avec l'accent*
Tchekhov.

EDMOND
À vos souhaits.

ANTON

Non, Tchekhov, c'est mon nom. Anton Tchekhov.

Jean sort, bouleversé, vient s'asseoir à côté d'Edmond, un verre à la main.

JEAN

Je n'ai pas pu. Comme ça, je n'ai pas pu.

EDMOND

À la bonne heure, je savais que c'était absurde… *(Il regarde Jean un instant.)* Dites-moi, Jean, pourquoi n'êtes-vous pas à l'aise avec de Guiche ?

JEAN

… Parce que je ne l'aime pas. C'est un méchant.

56. Brasserie « Chez Honoré », 15 décembre

Edmond arrive chez Monsieur Honoré, au matin.

MONSIEUR HONORÉ

L'écrivaillon est bien matinal !

EDMOND

Je crois que je vais prendre un café. Sans sucre, sans lait. Et sans caféine.

MONSIEUR HONORÉ, *partant*
Une eau chaude, en somme.

EDMOND
Voilà.

MONSIEUR HONORÉ, *revenant*
Et si j'y ajoutais un peu de verveine ?

EDMOND
Parfait ! Merci.

MONSIEUR HONORÉ
Alors, cette pièce ?

Edmond pose devant lui un manuscrit, qu'il rature un peu.

EDMOND
Elle est finie. Je crois.

MONSIEUR HONORÉ, *inspectant la pièce*
Finie ? Pour de bon ?

EDMOND
Il me semble bien, oui. Mais est-elle bonne ? De toute façon, Maria se plaindra d'avoir trop de texte, les autres acteurs de n'en avoir pas assez, et Coquelin, de ne pas avoir son duel.

MONSIEUR HONORÉ
… Un duel ?

EDMOND, *levant les yeux au ciel*
Il voulait un duel. Vous l'imaginez, l'épée à la main ?

MONSIEUR HONORÉ
Il y a deux ans, dans *Fanfan la Tulipe*, j'ai le souvenir qu'il escrimait fort bien…

EDMOND
Mais… c'est que… Je ne me suis jamais battu, moi.

MONSIEUR HONORÉ, *souriant*
Allons. Un duel se fait à deux, et part d'une insulte.

EDMOND
Bon. Très bien. Allez-y, insultez-moi.

MONSIEUR HONORÉ
Moi ? Que je… ? Bien. Euh… Maraud. *(Edmond lui fait signe de continuer.)* Faquin ? Butor de pied plat ridicule !

EDMOND
Ah ?… Et moi, Cyrano Savinien Hercule de Bergerac.

MONSIEUR HONORÉ
Bien ! Et puis ?

EDMOND, déclamant
Ballade du duel qu'en l'hôtel Bourguignon
Monsieur de Bergerac eut avec un bélître !

MONSIEUR HONORÉ
Qu'est-ce que c'est que ça, s'il vous plaît ?

EDMOND
C'est le titre.

MONSIEUR HONORÉ
Très amusant ! Eh bien ! Vous y êtes. Lancez-vous, à présent !

EDMOND, fermant une seconde les yeux
Attendez !... je choisis mes rimes... Là, j'y suis.

57. Théâtre de la Porte-Saint-Martin

La troupe est autour d'Edmond, tandis qu'il distribue les pages de l'acte cinq.

COQUELIN, lisant
Je jette avec grâce mon feutre,
Je fais lentement l'abandon

Du grand manteau qui me calfeutre,
Et je tire mon espadon,
Élégant comme Céladon,
Agile comme Scaramouche,
Je vous préviens, cher Myrmidon,
Qu'à la fin de l'envoi...
(essayant de déchiffrer l'écriture d'Edmond :)
... je louche ?

EDMOND
Je touche.

COQUELIN
Je touche !

EDMOND
Êtes-vous content ?

COQUELIN
Ravi ! *(Fort :)* Lucien, mon épée !

LUCIEN
Tout de suite, monsieur Coquelin !

EDMOND
Dernier acte ! L'action se passe quinze ans plus tard, dans un couvent.

JEAN
... Dans un couvent ?

EDMOND
Oui. C'est là qu'après la mort de Christian, Roxane s'est retirée du monde. Elle ne reçoit que la visite hebdomadaire de son cousin Cyrano.

LA VIEILLE ACTRICE, *bas, découvrant l'acte*
Il a écrit un acte en une nuit ?

LE VIEUX CABOT, *bas*
J'ai déjà vu ça. C'était en 75, à Chatou…

EDMOND, *au vieux cabot*
Vous ! Vous ferez de Guiche, finalement.

LE VIEUX CABOT
Moi ? De Guiche ? Mais… je ne sais si j'aurai le temps d'apprendre.

EDMOND
Vous ne voulez pas ? Très bien. Dans ce cas…

LE VIEUX CABOT
Si ! Si ! Je le veux ! Je le veux ! Je veux de Guiche.

COQUELIN
Mais… c'est le rôle de Jean !

EDMOND
Plus maintenant ! Jean joue Ragueneau, un pâtissier-poète.

COQUELIN, *offusqué*
Un pâtissier !?

EDMOND
Il sera là à tous les actes ! L'acte deux se passe dans sa rôtisserie !

LA VIEILLE ACTRICE, *bas, découvrant l'acte*
Il a réécrit l'acte deux ?

EDMOND
J'ai réécrit tous les actes !

COQUELIN, *se tournant vers Jean*
Mon fils ne jouera pas un pâtissier !

JEAN
Oh si, papa ! Si ! Est-il gentil ?

EDMOND
Très gentil ! Trop gentil. Ragueneau est marié, aussi. Il me faudra une actrice. Et quelques religieuses, pour l'acte cinq. *(Aux Floury :)* Messieurs, vous nous trouverez des filles ?

ANGE
Hein ? Quelles filles ?

MARCEL, *complice*
Mais si, Ange ! C'est comme si c'était fait.

EDMOND
Acte cinq, donc ! Cyrano vit dans le dénuement le plus total, mais ne rate jamais son rendez-vous hebdomadaire avec Roxane. Or, ce jour-là, il arrive en retard. Il tient comme d'habitude sa gazette à Roxane, mais avant de partir il demande à lire la dernière lettre que Christian lui a écrite, lettre qu'elle garde précieusement depuis quinze ans. La nuit tombe et, malgré la pénombre, il récite la lettre. Roxane comprend alors qu'il en est le véritable auteur…

COQUELIN
Et ensuite ?

EDMOND
Il ne peut plus nier. Il avoue, sous la contrainte, son amour pour elle.

COQUELIN
Et ?

EDMOND
Elle lui demande : « Pourquoi laisser ce sublime silence se briser aujourd'hui ? »

ANGE
Oui, pourquoi ?

EDMOND
Alors, Cyrano se découvre, on voit sa tête entourée de linges imbibés de sang. Il s'est pris ce matin sur le front une lourde pièce de bois. En se levant, en venant voir Roxane, il a signé son arrêt de mort.

LE VIEUX CABOT
Mon Dieu…

ANGE
Et alors ?

EDMOND
Alors, souriant et d'une voix claire, il lance…

L'HUISSIER, *à Edmond*
CONSTANT COQUELIN !

Edmond et toute la troupe se retournent vers un huissier, entré discrètement.

EDMOND, *montrant Coquelin*
Euh… Non, c'est monsieur, qu'est-ce qui… ?

L'HUISSIER, *à Coquelin*
Constant Coquelin ?

COQUELIN, *de la scène*
C'est moi.

L'HUISSIER, *fort*
Par décret de la Comédie-Française, et en représailles de son départ illicite de la maison, Constant Coquelin est désormais *interdit de jouer* dans toute salle parisienne, et ce, jusqu'à nouvel ordre !

EDMOND
C'est une plaisanterie ?

L'HUISSIER, *fort*
Par conséquent, il vous est conseillé d'arrêter sur-le-champ les répétitions de cette pièce. Je suis mandaté pour rester là jusqu'à la première.

COQUELIN, *saisissant son épée*
Clarétie a obtenu gain de cause !

EDMOND
Coquelin, ce n'est pas fini. On peut se battre !

COQUELIN, *posant son épée*
Contre un décret ministériel ? Non… Il faut savoir accepter sa défaite.

MARIA
Eh bien, puisque Coquelin ne jouera pas, je quitte enfin ce projet catastrophe !

EDMOND, *la retenant*
Maria ! Vous n'avez même pas lu l'acte…

MARIA, *partant*
Mais j'ai entendu la sentence !

EDMOND,
Restez, je vous en prie !

MARIA, *le repoussant*
« Non, merci, monsieur ! Non, merci ! » Comme vous l'écrivez si bien !

Elle part. Coquelin regarde Edmond. Long silence.

ANGE
Et maintenant, nous n'avons plus qu'une chose à faire.

EDMOND
Quoi donc ?

ANGE
Boire.

MARCEL
Boire beaucoup.

58. Brasserie « Chez Honoré »

Toute la troupe se trouve chez Monsieur Honoré, devant leur ballon de rouge. Ambiance de mort. Feydeau s'approche d'eux.

FEYDEAU, *fort*
Eh bien, mes amis, ça sent le succès !

La tablée ne daigne même pas se retourner vers Georges.

FEYDEAU, *fort*
Allons ! Nous sommes entre gens de théâtre ! Vous savez ce qu'on dit : générale désastreuse, première réussie.

LÉO, *dépité*
Va au diable, Georges.

FEYDEAU, *à court de saillies*
… En tout cas, je serai dans la salle. Merde, messieurs.

Feydeau sort.

MONSIEUR HONORÉ, *une fois qu'il est sorti*
Quand ouvrez-vous ?

COQUELIN, *se tordant les mains*
Nous devions ouvrir dans une semaine. Mais je n'ai plus le droit de jouer…

LA VIEILLE ACTRICE
Nos costumes tombent en lambeaux…

EDMOND
… et notre Roxane, qui n'avait signé que pour une représentation, a quitté le navire.

COQUELIN
Un four. Un four noir.

Monsieur Honoré s'approche de la tablée. Il les regarde un moment, cherchant ses mots.
Puis il dépose sur leur table le manuscrit de *Cyrano*, qu'il vient de lire.
On entend alors les premières notes du *Boléro* de Ravel.

MONSIEUR HONORÉ
Cette pièce est sublime, monsieur Rostand.
Et vous, monsieur Coquelin, quel rôle. J'en ai pleuré.

Coquelin et Edmond relèvent la tête. Toute la tablée n'a d'yeux que pour Monsieur Honoré.

COQUELIN, *modeste*
Allons…

Monsieur Honoré marque un temps, inspire profondément, puis relève la tête :

MONSIEUR HONORÉ

Croyez-vous que jamais je n'ai dû me battre pour garder ce café ? Croyez-vous que la couleur de ma peau m'ait simplifié la vie ? Chaque homme, chaque client, chaque employé, d'un regard, me le renvoie comme une insulte. Mais il est un endroit, un seul, où nous sommes tous côte à côte dans l'ombre : c'est au théâtre. J'ai vu un homme pourfendre les préjugés, refuser les compromis, mourir pour son idéal. Vous avez, messieurs, de l'or entre les mains. Vous avez un bijou que personne ne peut estimer. Voulez-vous qu'il disparaisse dans l'oubli, ou qu'il soit le plus grand triomphe du théâtre français ? *(Il se tourne vers les Floury.)* Écoutez les mots de Cyrano, soyez sublimes, donnez tout ce que vous avez pour cette pièce, car, je vous le prédis, jamais, jamais dans votre vie vous n'en croiserez une plus belle.

Un silence profond suit la tirade d'Honoré.

COQUELIN

Mais… la Comédie-Française… ?

MONSIEUR HONORÉ

Quand Molière vivait, les comédiens étaient enterrés hors des cimetières. Vous êtes une communauté en marge de cette société bourgeoise. Vous, les artistes, vous êtes des hors-la-loi !

ANGE
Eh oui !

TOUS
Oui !

MONSIEUR HONORÉ
La seule chose qui doit empêcher un acteur de jouer, c'est la mort.

COQUELIN
Mais oui !

TOUS
Oui !

MONSIEUR HONORÉ
Et comme Beaumarchais disait : « Il n'y a que les petits hommes… »

EDMOND
« … qui redoutent les petits écrits. »

Toute la troupe se regarde. Le *Boléro* continue.

59. Théâtre de la Porte-Saint-Martin

Tout le monde envahit le théâtre, chacun à son poste.

L'HUISSIER, *tel un roquet*
Qu'est-ce que vous faites, messieurs ? Je vais devoir avertir ma hiérarchie !

ANGE, *accent corse qui ressort*
Marcel, embarque-le !

MARCEL, *embarquant l'huissier*
Avec plaisir.

L'HUISSIER, *se débattant*
Je vous interdis !

ANGE
Et enferme-le aux « Belles Poules » !

MARCEL, *embarquant l'huissier*
Avec plaisir !

ANGE
Jusqu'au 27 décembre !

EDMOND, *fort*
Allons ! En scène, tout le monde ! Première dans une semaine !

LUCIEN

Je vous rappelle que la trappe n'est pas bien fixée ! Et qu'il est interdit de fumer au théâtre ! *(À Edmond et Coquelin, bas :)* Et je vous rappelle que nous n'avons plus de Roxane !

MARIA, *fort*

Quels sont les imbéciles qui ne m'ont pas prévenue ? Alors on se bat ! Alors on défie l'autorité ! *(Montant sur scène.)* Je suis peut-être beaucoup de choses, mais lâche, non, je ne le suis pas ! *(À Ange :)* Tenez, Ange, soyez gentil, allez vous occuper de François, merci.

ANGE

Oh, Maria, merci ! *(Sortant.)* François !

EDMOND

Maurice… qu'est-ce que c'est que cette musique ?

MAURICE

Ah ! c'est de moi ! Un boléro. Ça vous plaît ?

COQUELIN

… Ça a son charme.

EDMOND

Heureux de vous revoir, Maria.

MARIA, *fort*
Je rêve, ou Volny n'est toujours pas là ?

LÉO, *entrant*
Je suis là ! Je suis là ! Je me suis dit qu'il était temps d'arranger nos costumes. Alors… j'ai appelé un ami.

LE COSTUMIER, *entrant*
Bonjour tout le monde ! Il paraît qu'on a besoin d'aide ! Je ne refuse jamais de voler au secours d'un acteur dénudé… *(Apercevant les habits de Coquelin.)* Oh ! mon Dieu ! Effectivement !

COQUELIN
Ce sont mes habits.

LE COSTUMIER, *secouant la tête*
C'est tellement 95. *(Apercevant Jeanne.)* Ah ! Ma petite puce. Tu m'as manqué, au Palais-Royal. *(Constatant les costumes de tout le monde.)* Eh bien, on a du pain sur la planche !

EDMOND, *acquiesçant*
Nous aussi ! Allons, messieurs-dames, au travail !

Acclamation générale. Et tandis que le boléro continue…

60. Théâtre de la Renaissance, 26 décembre

Sarah Bernhardt revient triomphalement d'Amérique et retrouve son théâtre, la Renaissance.
Une foule attend sur le boulevard, les questions des journalistes fusent :

UN JOURNALISTE
Madame Bernhardt ! Madame Bernhardt !

SARAH
Sarah, appelez-moi Sarah !

UN JOURNALISTE
Sarah, parlez-nous de la pièce que vous créez à la Renaissance.

SARAH
Les Mauvais Bergers, d'Octave Mirbeau, avec Lucien Guitry ! C'est une tragédie prolétarienne !

UN JOURNALISTE
Sarah, comment avez-vous trouvé le public américain ?

SARAH
Égal à lui-même : un grand enfant bruyant et enthousiaste ! Et en parlant de bruit, d'où vient ce... ?

UN JOURNALISTE
C'est à la Porte-Saint-Martin : ils posent les affiches !

On est en train d'y poser, effectivement, ces affiches :

Cyrano de Bergerac
Comédie héroïque, en cinq actes et en vers,
de M. Edmond Rostand

61. Scène, théâtre de la Porte-Saint-Martin, 27 décembre, une heure avant la première

Tout le monde s'active, répète son texte, tremble de trac.

LUCIEN, *à la cantonade*
Lever de rideau dans une heure !

LÉO, dans un coin, marmonnant pour lui
Vous dont chaque pas touche à la grâce suprême,
C'est vous, la tête en fleurs, qu'on croirait sans souci,
C'est vous qui me disiez qu'il faut aimer ainsi.

EDMOND
Qu'est-ce que tu marmonnes ?

LÉO
Un poème – Musset. Je tente de m'instruire.

EDMOND, *souriant*
Mieux vaut tard que jamais. *(Ouvrant les bras.)* Merde, mon Christian.

LÉO, *prenant Edmond dans ses bras*
Merde, mon Georges.

LUCIEN
Il manque des victuailles, pour la rôtisserie de Ragueneau !

EDMOND
Je vais acheter quelque chose au marché !

MONSIEUR HONORÉ
Inutile, c'est moi qui régale ! Volailles, légumes, pâtés, saucissons, ça vous va ?

EDMOND
Monsieur Honoré, vous êtes un saint !

LUCIEN, *apercevant les Floury*
Ah ! Messieurs ! La salle n'est pas pleine ! C'est la première, il faut la remplir !

ANGE
Que voulez-vous qu'on fasse ? Qu'on force le public à venir ?

Lucien, les Floury et Honoré se regardent.

62. Brasserie « Chez Honoré »

Honoré pénètre dans son café et s'adresse à la foule :

MONSIEUR HONORÉ, *fort*
Tournée générale ! *(Une grande clameur souligne sa proposition.)* J'offre une tournée générale à ceux qui iront assister à *Cyrano*, ce soir, à la Porte-Saint-Martin ! *(Une clameur de dépit.)* Alors, qui ? Personne ? *(Personne ne bouge, Honoré fait la moue.)* Bien ! Alors un repas gratuit à tous ceux qui assisteront au premier acte, seulement !

Une acclamation plus franche.

63. « Aux Belles Poules »

Ange et Marcel organisent la transhumance : toutes les filles se préparent à sortir !

MARCEL, *fort*
Toutes les filles sont priées de rester jusqu'à la fin de la pièce !

LES FILLES
Oui, m'sieur Marcel !

MARCEL, *fort*
... et de ne pas s'endormir !

LES FILLES
Oui, m'sieur Marcel !

MARCEL
Et couvrez-vous, il fait froid dehors !

LES FILLES
Oui, oui !

On reconnaît alors l'huissier qui avait tenté d'arrêter Coquelin.

L'HUISSIER, *à Marcel*
On ne peut pas rester encore un petit peu ?

ANGE
Tous les clients qui les accompagnent auront une passe offerte par la maison !

L'HUISSIER
Rosine, attends-moi !

64. Hall du théâtre de la Porte-Saint-Martin

Le hall se remplit donc, pas complètement, mais honnêtement, d'ouvriers, de bourgeois, et de prostituées. L'huissier, dans la salle, salue joyeusement les filles des « Belles Poules » :

L'HUISSIER
Rosine ! Je peux m'asseoir avec toi ? Coucou, Marceline…

MARCELINE
Coucou, m'sieur l'huissier…

L'HUISSIER
Suzon n'est pas là ce soir ?

MARCELINE
Nan… Elle joue dans la pièce.

ROSINE, *à l'huissier*
… Mais dis donc, t'étais pas marié, toi ?

Il faut un temps pour que la question de Rosine arrive au cerveau de l'huissier.

L'HUISSIER, *réalisant soudain*
Oh ! nom de Dieu !

Il sort du théâtre en courant.
Feydeau arrive à son tour.

FEYDEAU, *étonné*
Tiens ! Il y a du monde, finalement. Et du beau monde ! Un vrai théâtre populaire… *(À la cantonade :)* Le premier qui s'endort a perdu !

Rosemonde entre, suivie de Jules Clarétie, accompagné de sa cour, d'officiels, et de quelques policiers, prêts à agir si Coquelin joue.

CLARÉTIE
Bon, que ce soit bien clair, s'il joue, il n'en jouera qu'une !

65. Loge de Coquelin,
théâtre de la Porte-Saint-Martin

MARIA
Eh bien ! Nous aurons du monde dans la salle, finalement.
Coquelin ? Coq, tu es là ?

COQUELIN
Je suis là.

Il se retourne et nous apparaît, pour la première fois, en Cyrano. Faux nez, costume d'époque, épée à la hanche. Maria est surprise.

MARIA
C'est… Tu es…

COQUELIN
Je suis ridicule, n'est-ce pas ? Mon Dieu, Maria, ce sera un four.

MARIA
Mais non, idiot. Tu es superbe.

COQUELIN
Vraiment ?

MARIA
Et ce sera un triomphe.

COQUELIN
Vraiment ?

MARIA
Mais oui… Le petit nous a pondu une pièce magnifique.

COQUELIN
Mais… Tu disais que…

MARIA
Il faut bien que je dise des bêtises, sinon personne ne m'écoute.

COQUELIN
Alors tu penses comme moi ? Cette pièce…

MARIA
Dans cent ans, elle se jouera encore.

COQUELIN, *gagnant en enthousiasme*
Tu le crois vraiment ?

MARIA
Les grands acteurs rêveront de jouer Cyrano, les jeunes actrices rêveront de jouer Roxane.

COQUELIN, *gagnant en enthousiasme*
Et tout le monde se souviendra du nom d'Edmond !

MARIA
Et tout le monde aura oublié le nôtre.

COQUELIN, *redescendant*
… C'est vrai.

MARIA
Mais ce soir, on ne nous oubliera pas. Ce soir, c'est *notre* soir.

COQUELIN
Ce soir, oui !… Mais demain ?

MARIA
Demain ? Pourquoi penser à demain ? Pour nous autres, acteurs, demain n'existe pas ! Ce qui existe, c'est le public, le spectacle, et l'instant. Nous sommes des artisans de l'éphémère, mon Coq. Allons leur montrer notre art.

COQUELIN
Merci, Maria !

Il se dirige vers la scène.

MARIA
En scène, monsieur de Cyrano !
(Puis, lorsqu'il est sorti :) … Un four. Un four noir.

66. Loge de Jean, théâtre de la Porte-Saint-Martin

Jean se tord les mains d'angoisse.

LUCIEN, *entrant*
Dix minutes avant le lever ! Tout va bien ?

JEAN, *suant à grosses gouttes*
Oui, oui, ça va, ça va…

Lucien s'éclipse.

JEAN
« Ah, c'est le plus exquis des êtres sulbunaires… *(Se corrigeant.)* … su-blu-naires ! »

SUZON, *entrant dans la loge*
M'sieur Jean ?

JEAN
Suzon ? Qu'est-ce que vous… ?

SUZON
Est-ce que je suis bien votre femme ? Et vous êtes bien mon mari ?

JEAN
Euh… dans la pièce, oui, mais…

SUZON
Je vous sens tendu, Jean. Et n'est-ce pas le devoir d'une femme de… détendre son mari ?

Elle s'approche de Jean, bouche bée, et commence à le déboutonner.

JEAN
Mais enfin je… vous…

SUZON
Si, si, ne cherchez pas à nier, vous êtes tendu.

JEAN
Sans doute, mais…

SUZON
Laissez-moi faire…

Elle le pousse derrière le paravent…

JEAN
Mais enfin, Suzon, qu'est-ce que vous… ? Où mettez-vous vos mains ? Vous ne pouvez pas… Vous pouvez… Oh ! mon Dieu ! Oh ! mon Dieu ! OH ! MORDIOU !

67. Coulisses, théâtre de la Porte-Saint-Martin

LUCIEN, *à la cantonade*
Cinq minutes !

COQUELIN, *à la cantonade*
Le moment approche, les amis ! Dites-vous « merde » !

EDMOND, *surgissant soudainement, à Coquelin*
Pardon, Coquelin, pardon !

COQUELIN
De quoi ?

EDMOND
Pardon de vous avoir traîné dans cette galère !

COQUELIN, *lui mettant la main sur l'épaule*
Tout va bien se passer.

EDMOND
Vraiment ?

COQUELIN
Mais oui ! Au pire, on se retrouvera en prison !

EDMOND, *blêmissant*
… En prison ?

LÉO, *à Edmond*
Le Vicomte n'est pas là !

EDMOND, *blêmissant*
Pardon ?

LÉO
L'acteur qui joue le Vicomte, il n'est pas là !

EDMOND
Mais… mais… mais… c'est celui du duel !

LUCIEN
En scène, tout le monde ! *(Les violons retentissent, à l'unisson.)* MERDE À TOUS !

COQUELIN
Jean ! Où est Jean ? Est-il prêt ?

JEAN, *jaillissant*
Je suis là ! Je suis là ! Merde, papa !

Il l'enlace avec énergie.

COQUELIN
Merde, mon Jean.

JEAN, *d'une voix forte*
MERDE À TOUS !

COQUELIN
Merde, Lucien !

LUCIEN, *souriant*
Merde, Constant.

Ils se prennent dans les bras.

EDMOND
Mais… Pour le Vicomte… Il faut trouver une solution !

COQUELIN
C'est juste. Trouvez-la.

LUCIEN
Merde, monsieur Rostand.

EDMOND, *à Lucien*
Lucien ! Dites-moi, Lucien… C'est vous qui avez fait répéter le duel à Coquelin, non ?

LUCIEN
Oui, pourquoi ?

EDMOND
Pour rien, pour rien… Venez avec moi. Les costumes !

COQUELIN
MERDE À TOUS !

68. Scène, théâtre de la Porte-Saint-Martin

Le rideau se lève. Acte un : une représentation à l'hôtel de Bourgogne. Coquelin/Cyrano est caché, on ne le voit pas encore. La salle se tait. Et pour la première fois, Jean se met à jouer… bien.

JEAN/RAGUENEAU
Monsieur de Cyrano n'est pas là ? Je m'étonne.

LIGNIÈRE
Pourquoi ?

JEAN/RAGUENEAU, avec tendresse
Montfleury joue !

LIGNIÈRE
Qu'importe à Cyrano ?

JEAN/RAGUENEAU
Mais vous ignorez donc ?
Il fit à Montfleury, messieurs, qu'il prit en haine,
Défense, pour un mois, de reparaître en scène.

LIGNIÈRE, qui en est à son quatrième petit verre
Eh bien ?

JEAN/RAGUENEAU
Montfleury joue !

LÉO/CHRISTIAN
Quel est ce Cyrano ?

JEAN/RAGUENEAU, avec tendresse
Ah ! c'est le plus exquis des êtres sublunaires !
Rimeur ! Bretteur ! Physicien ! Musicien !
Et quel aspect hétéroclite que le sien !
Un nez !… Ah ! messeigneurs, quel nez que ce nez-là !…
On ne peut voir passer un pareil nasigère
Sans s'écrier : « Oh ! non, vraiment, il exagère ! »
Puis on sourit, on dit : « Il va l'enlever… » Mais
Monsieur de Bergerac ne l'enlève jamais.

69. Coulisses, théâtre de la Porte-Saint-Martin

En coulisses, Léo et Edmond surveillent la salle.

EDMOND
Ils ne rient pas.

LÉO
Ils riront sur le nez.

COQUELIN/CYRANO
Tournez les talons, maintenant.

LUCIEN/LE FÂCHEUX
Mais…

COQUELIN/CYRANO
Tournez ! Ou dites-moi pourquoi vous regardez mon nez.

LUCIEN/LE FÂCHEUX
Je…

COQUELIN/CYRANO
Qu'a-t-il d'étonnant ?

LUCIEN/LE FÂCHEUX
Votre grâce se trompe…

COQUELIN/CYRANO
Est-il mol et ballant, monsieur, comme une trompe ?

LUCIEN/LE FÂCHEUX
Je n'ai pas…

COQUELIN/CYRANO
Ou crochu comme un bec de hibou ?

LUCIEN/LE FÂCHEUX
Je…

LUCIEN/COQUELIN/CYRANO
Y distingue-t-on une verrue au bout ?

Les spectateurs commencent à rire, timidement d'abord, puis de plus en plus.

EDMOND, *à Léo*
Ils rient, là ?

LÉO
Ils riront, Edmond.

COQUELIN/CYRANO
Peut-être que monsieur le trouve un peu trop grand ?

LUCIEN/LE FÂCHEUX
Je le trouve petit, tout petit minuscule !

COQUELIN/CYRANO
Hein ? Comment ! M'accuser d'un pareil ridicule ?
Petit, mon nez ? Holà !

LUCIEN/LE FÂCHEUX
Ciel !

COQUELIN/CYRANO
Énorme, mon nez !

EDMOND, *s'éclipsant*
C'est la tirade. Je ne regarde pas.

LÉO
Reste, c'est là que ça devient intéressant.

EDMOND
Je vais dans le couloir.

Edmond sort, s'étouffe, avale une pilule. Il entend, de très loin, la voix de Coquelin, qui poursuit sa tirade.

COQUELIN/CYRANO, off
Agressif : « Moi, monsieur, si j'avais un tel nez,
Il faudrait sur-le-champ que je me l'amputasse ! »
(Pas de réaction.)
Descriptif : « C'est un roc !... c'est un pic !... c'est un cap !
Que dis-je, c'est un cap ?... C'est une péninsule ! »
(Frémissement dans la salle.)
Gracieux : « Aimez-vous à ce point les oiseaux
Que paternellement vous vous préoccupâtes
De tendre ce perchoir à leurs petites pattes ? »
(Rire, plus franc déjà.)
Pédant : « L'animal seul, monsieur, qu'Aristophane
Appelle hippocampéléphantocamélos
Dut avoir sous le front tant de chair sur tant d'os ! »

Quelques applaudissements, mêlés aux rires.

LÉO
Premiers applaudissements.

EDMOND
On ne peut pas appeler ça des applaudissements. Leurs mains se sont effleurées.

COQUELIN/CYRANO, off
Emphatique : « Aucun vent ne peut, nez magistral,
T'enrhumer tout entier, excepté le mistral ! »

Chaque vers fait mouche. Acclamations.

LÉO
Il les tient.

COQUELIN/CYRANO, off
Militaire ?

EDMOND, en même temps que Coquelin
Pointez contre cavalerie !

LÉO
Tu crois vraiment que le couloir est le meilleur endroit pour profiter du spectacle ?

Ils se ruent dans la salle, ou le public est conquis par Coquelin.

COQUELIN/CYRANO
Voilà ce qu'à peu près, mon cher, vous m'auriez dit,
Si vous aviez un peu de lettres et d'esprit
Mais d'esprit, ô le plus lamentable des êtres,
Vous n'en eûtes jamais un atome, et de lettres
Vous n'avez que les trois qui forment le mot : sot !

Applaudissements fournis.

LÉO
Leurs mains s'effleurent sacrément fort, non ?

MARIA
Edmond, ma voix… Ma voix s'éteint, je le sens.

EDMOND
Protégez-la, économisez-la.

MARIA
Mais comment ?

LÉO
Taisez-vous, peut-être ?

C'est le duel. Les épées s'entrechoquent. Lucien se bat avec Coquelin. La salle s'excite.

COQUELIN/CYRANO
– *Tac ! je pare la pointe dont*
Vous espériez me faire don.

J'ouvre la ligne, je la bouche,
Tiens bien ta broche, Laridon,
À la fin de l'envoi, je touche.
(Coquelin s'arrête un instant pour reprendre son souffle.)
ENVOI. (Le duel reprend.)
Prince, demande à Dieu pardon,
Je quarte du pied, j'escarmouche,
Je coupe, je feinte… (Se fendant.) *Hé ! là donc,*

L'épée passe au travers du corps de Lucien. Coquelin retire sa fausse épée de sous le bras du faux marquis.

COQUELIN/CYRANO
À la fin de l'envoi, je touche.

Lucien s'effondre. Acclamations. Applaudissements sur scène. Puis dans la salle. Les gens applaudissent. Et refusent de s'arrêter d'applaudir. Edmond regarde Coquelin, sur scène, tandis que le public continue d'applaudir.

LE VIEUX CABOT, *éberlué, dans sa barbe*
Ça, je n'ai jamais vu !

70. Coulisses

L'acte un est fini, on change les décors.

LUCIEN, *à la cantonade*
Trois minutes ! Trois minutes avant l'acte deux !

EDMOND
Très belle mort, Lucien !

LUCIEN, *fier*
Merci, monsieur Rostand ! Dites, en ce qui concerne la psychologie du personnage…

COQUELIN, *constatant*
La salle se remplit, mes amis ! Ils investissent le troisième balcon !

MARIA
Edmond ! Edmond !

EDMOND
Qu'est-ce qu'il y a encore, Maria ?

MARIA
Pourquoi n'ai-je pas de réplique dans le un ? Coquelin avait tous les rires, et moi, au balcon, comme une cruche…

EDMOND
Mais c'est vous-même qui m'avez…

MARIA
C'est parce que je suis une femme ? Vous pensez que je n'ai pas assez de mémoire ?

EDMOND
Mais enfin, il y a huit jours vous vouliez quitter le spectacle !

MARIA
L'ai-je quitté ? Non ! Je suis revenue, et heureusement pour vous ! Je me demande bien d'ailleurs comment vous feriez sans votre…

En plein milieu de sa plainte, Maria tombe dans la trappe !

EDMOND
Oh ! mon Dieu ! Roxane est morte à l'acte un.

LÉO, *se penchant au-dessus de la trappe*
Elle respire. Elle est coriace.

EDMOND
Bon, eh bien, remontons-la, vite, apportons des sels !

COQUELIN, *s'approchant*
Elle ne jouera jamais, elle va faire baisser le rideau.

LUCIEN
Monsieur Coquelin, en scène pour le deux !

COQUELIN
Oui, j'arrive !

EDMOND
On la remonte ou on ne la remonte pas ?

Edmond considère Léo et Coquelin, qui fixent Jeanne.

COQUELIN, *à Jeanne*
Vous connaissez le rôle ?

JEANNE, *tremblant*
Par cœur.

COQUELIN
Il y a un costume de rechange ?

JEANNE
Il y en a deux.

COQUELIN
En scène dans dix minutes.

Coquelin sort. Léo referme la trappe et fait un baisemain à Jeanne.

LÉO
Enchanté, Roxane. Christian de Neuvillette.

Il s'éclipse. Edmond se retrouve face à Jeanne, sans savoir quoi dire.

EDMOND, *après un temps*
… Vous savez vraiment le texte ?

JEANNE
Oui, sauf l'acte cinq.

EDMOND
… Quoi ?

Edmond manque de défaillir.

LUCIEN
Le rideau est levé.

71. Scène, théâtre de la Porte-Saint-Martin

Acte deux : la rôtisserie des poètes. Des mets succulents occupent les tables.
Coquelin joue, avec Jean et Suzon, tout en surveillant l'apparition de Jeanne/Roxane.

SUZON/LISE, à Cyrano
Qu'avez-vous à la main ?

COQUELIN/CYRANO
Rien. Une estafilade.

JEAN/RAGUENEAU
Courûtes-vous quelque péril ?

COQUELIN/CYRANO
Aucun péril.

SUZON/LISE, le menaçant du doigt
Je crois que vous mentez !

COQUELIN/CYRANO
Mon nez remuerait-il ? Il faudrait que ce fût pour un mensonge énorme !
(Changeant de ton :)
J'attends ici quelqu'un. Si ce n'est pas sous l'orme,
Vous nous laisserez seuls.

Il l'aperçoit enfin, sortant des loges, terminant de fixer sa perruque blonde.
Jeanne se prépare, la pression monte. Edmond vient à elle, tandis que la scène continue.

JEANNE
C'est une folie.

EDMOND
Je sais.

JEANNE
Je n'ai jamais joué.

EDMOND
Je sais.

JEANNE
Dites-moi que tout va bien se passer.

Edmond ne parvient à rien dire.

LÉO
« Tout va bien se passer. » Répète, Edmond.

EDMOND
Tout va bien se passer.

JEANNE
Embrassez-moi.

Tête des deux hommes.

LÉO
Lequel ?

LUCIEN, *saisissant le bras de Jeanne*
On y va.

JEANNE, *faiblement, en mettant son masque*
Je vais mourir.

EDMOND
Pas dans cette pièce.

JEANNE, *perdant tous ses moyens*
Aaaah.

Elle est en scène, ça y est.

72. *Scène, théâtre de la Porte-Saint-Martin*

Jeanne regarde autour d'elle, les spectateurs la scrutent. Elle est sur scène, elle foule des pieds le plateau. Coquelin la regarde, elle est tétanisée. Il se découvre, elle se découvre. Elle est magnifique.

COQUELIN/CYRANO
Que l'instant entre tous les instants soit béni,

Où cessant d'oublier qu'humblement je respire,
Vous venez jusqu'ici pour me dire…

Jeanne regarde autour d'elle. Elle ne sait plus où elle est.

COQUELIN/CYRANO
… me dire ?

Jeanne cherche ses mots, se concentre, revient sur terre :

JEANNE
Mais…

En coulisses, Edmond et Léo se cramponnent l'un à l'autre.

JEANNE
Mais… (Léo secoue la tête, Edmond baisse le regard.)
Mais tout d'abord merci.
(Edmond relève la tête.)
Car ce drôle, ce fat,
Qu'au brave jeu d'épée hier vous avez fait mat,
C'est lui qu'un grand seigneur, épris de moi…

COQUELIN/CYRANO
De Guiche ?

JEANNE/ROXANE
Cherchait à m'imposer comme mari…

COQUELIN/CYRANO
Postiche ?
Je me suis donc battu, madame, et c'est tant mieux,
Non pour mon vilain nez, mais bien pour vos beaux yeux.

73. Coulisses

Edmond et Léo se prennent dans les bras.

EDMOND
Ça marche ! Ça marche !

LÉO
Oui ! Ça marche… *(Montrant une loge.)* Mais ça remue dans cette loge… Tu vois de laquelle il s'agit ?

EDMOND, *comprenant*
… Les Floury.

ANGE, *l'appelant*
Edmond ! Edmond !

EDMOND
Moins fort, moins fort ! Ça joue.

ANGE
Ça joue, mais ça n'est pas Maria qui joue !

EDMOND, *faussement naïf*
Pas Maria ? Comment ça ?

ANGE
Où est Maria ?

LÉO, *le raccompagnant à sa loge*
Maria ? Mais enfin, elle est sur scène !

ANGE, *moins sûr déjà*
Sur scène ?

LÉO
Avec du maquillage et une perruque ! Vous ne l'entendez pas ?

ANGE, *moins sûr encore*
Mais… Je…

LÉO
Enfin, qui voulez-vous que ce soit ?

ANGE, *moins sûr déjà*
Je vous préviens, Edmond, si ce n'est pas Maria qui joue…

EDMOND
Oui ? Eh bien ! Qu'est-ce que vous faites ? Vous retirez vos investissements ? C'est trop tard ! La pièce est créée !

MARCEL
Ange, viens ! Tu vas rater le balcon !

ANGE
Je… Vous…

EDMOND
… Vous trouverez bien le chemin de votre loge ?

74. Loge de Sarah Bernhardt, théâtre de la Renaissance

Sarah Bernhardt, de sa loge, au théâtre d'à côté, à la Renaissance, entend les applaudissements qui traversent les murs.

L'HABILLEUSE
Dites, ça applaudit fort, à côté…

SARAH
Hm ?

L'HABILLEUSE
… À la Porte-Saint-Martin.

SARAH, *réalisant*
C'est *Cyrano* !

L'HABILLEUSE
Cyrano ?

SARAH
Oui, c'est la fin de l'acte trois. Oh ! mon poète-chéri… *(Se levant et se dirigeant vers la scène.)* Si nous jouons vite, je peux voir l'acte cinq.

L'HABILLEUSE, *lui courant après*
Mais, madame, les autres acteurs ne sont pas prêts…

SARAH
Je suis prête, moi. On commence ! On commence !

L'HABILLEUSE, *lui courant après*
Mais madame, votre coiffure n'est pas finie !

75. Scène, théâtre de la Porte-Saint-Martin

Changement de décor, les machinistes s'activent, les applaudissements refusent de s'arrêter.

EDMOND, *enthousiaste*
Bravo, Coquelin, très bien. De Guiche ! Très bien ! Jeanne !

JEANNE
Le balcon ? Comment était-ce ?

EDMOND
Merveilleux. C'était merveilleux.

JEANNE, *les yeux brillants*
Vraiment ?

LÉO, *prenant Jeanne à part*
Jeanne ! Un mot, s'il te plaît.
Voilà, c'est peut-être stupide, mais au prochain acte, je vais mourir. Alors je voudrais profiter d'être encore un peu ton mari pour te dire…

EDMOND, *les interrompant*
Léo ! C'était parfait ! Bravo ! *(Il tend un texte à Jeanne.)*
L'acte cinq. Vous avez quinze minutes avant de retourner en scène. Lucien ! Faites réviser le cinq à Jeanne, ne la lâchez pas d'une semelle !

LUCIEN
Bien, monsieur Rostand !

Lucien prend Jeanne par le bras, l'amenant vers les coulisses. Léo et Edmond restent seuls.

EDMOND, *l'air désolé*
Encore deux actes, Léo. Deux actes.

76. Scène, théâtre de la Porte-Saint-Martin

Acte quatre : le siège d'Arras. Sur scène, une bataille, des canons, des coups de feu…
Et Cyrano, Roxane, et Christian.

LÉO/CHRISTIAN, à Cyrano
Je veux être aimé moi-même, ou pas du tout !
Je vais voir ce qu'on fait, tiens ! Je vais jusqu'au bout du poste ;
Je reviens : parle, et qu'elle préfère l'un de nous deux !

COQUELIN/CYRANO
Ce sera toi !

LÉO/CHRISTIAN
Mais… je l'espère !
(Il appelle.)

Edmond

Roxane !

COQUELIN/CYRANO
Non ! Non !

JEANNE/ROXANE, accourant
Quoi ?

LÉO/CHRISTIAN
Cyrano vous dira une chose importante…
(Elle va vivement à Cyrano. Christian sort.)

JEANNE/ROXANE
Importante ?

COQUELIN/CYRANO, éperdu
Il s'en va !… (À Roxane :) *Rien…*
Il attache – oh ! Dieu ! Vous devez le connaître ! –,
De l'importance à rien !

JEANNE/ROXANE, vivement
Il a douté peut-être de ce que j'ai dit là ?… J'ai vu qu'il a douté !…

COQUELIN/CYRANO, lui prenant la main
Mais vous avez bien dit, d'ailleurs, la vérité ?

JEANNE/ROXANE
Oui, oui, je l'aimerais même…
(Elle hésite une seconde.)

COQUELIN/CYRANO, souriant tristement
Le mot vous gêne devant moi ?

JEANNE/ROXANE
Mais...

COQUELIN/CYRANO
Il ne me fera pas de peine ! – Même laid ?

JEANNE/ROXANE
Même laid ! (Mousqueterie au-dehors.) *Ah ! tiens, on a tiré !*

Derrière eux, on aperçoit la trappe s'ouvrir, et Maria, réveillée par le bruit des canons, qui tente de s'en extirper.

COQUELIN/CYRANO, ardemment
Affreux ?

JEANNE/ROXANE
Affreux !

COQUELIN/CYRANO
Défiguré ?

JEANNE/ROXANE
Défiguré !

COQUELIN/CYRANO
Grotesque ?

JEANNE/ROXANE
Rien ne peut me le rendre grotesque !

COQUELIN/CYRANO
Vous l'aimeriez encore ?

JEANNE/ROXANE
Et davantage presque !

Edmond et Léo, en coulisses, aperçoivent la trappe ouverte.

EDMOND, *paniquant*
Léo ! La trappe ! Maria !

LÉO, *s'avançant*
J'y vais !

EDMOND
Tu ne peux pas y aller ! Tu viens de mourir !

LÉO, *avisant Le Bret*
Hep ! Pst ! Le Bret !

COQUELIN/CYRANO, à part
Mon Dieu, c'est vrai, peut-être, et le bonheur est là.
(À Roxane :) *Je… Roxane… écoutez !…*

LE BRET, entrant rapidement, appelle à mi-voix
Cyrano !

COQUELIN/CYRANO, *se retournant*
Hein ?

LE BRET
Chut !

Il lui dit un mot tout bas. Puis indique la direction de la trappe. Coquelin aperçoit alors Maria, qui est presque parvenue à sortir !

COQUELIN/CYRANO, laissant échapper la main de Roxane, avec un cri
Ah !...

JEANNE/ROXANE
Qu'avez-vous ?

COQUELIN/CYRANO à lui-même, avec stupeur
C'est fini.

JEANNE/ROXANE
Quoi ?

Coquelin remonte vers la trappe.

COQUELIN/CYRANO
C'est fini, jamais plus je ne pourrai le dire !

JEANNE/ROXANE
Que se passe-t-il ?

Coquelin referme la trappe sur Maria, dont on entend le cri étouffé.

COQUELIN/CYRANO, vivement
Rien !

Des cadets sont entrés, cachant quelque chose qu'ils portent, et ils forment un groupe empêchant Roxane d'approcher.

JEANNE/ROXANE
Ces hommes ?

COQUELIN/CYRANO, l'éloignant
Laissez-les !...

JEANNE/ROXANE
Ah !... (Elle se précipite et écarte tout le monde.)

COQUELIN/CYRANO
C'est fini.

JEANNE/ROXANE
Christian !

LE BRET, à Cyrano
Le premier coup de feu de l'ennemi !

Nouveaux coups de feu. Cliquetis. Tambours.

CARBON
C'est l'attaque ! Aux mousquets ! Qu'on se dépêche !

LE BRET
Alignez-vous !

CARBON
Mesurez... mèche !

LÉO/CHRISTIAN, d'une voix mourante
Roxane !...

COQUELIN/CYRANO, vite et bas à l'oreille de Christian
J'ai tout dit. C'est toi qu'elle aime encore !

CARBON
En joue !

JEANNE/ROXANE
Je sens sa joue devenir froide, là, contre la mienne !
Une lettre sur lui ! (Elle l'ouvre.) *Pour moi !*

COQUELIN/CYRANO, à part
Ma lettre !

CARBON
Feu !

Mousqueterie. Cris. Bruits de bataille. Qui cèdent place à des applaudissements nourris !

77. Scène, théâtre de la Renaissance

Sarah Bernhardt salue, à la Renaissance, sa pièce est terminée.

SARAH, *au public*
Merci ! Merci ! Merci ! Vous êtes merveilleux ! Je vous aime ! Au revoir !

Elle sort de scène. Et va droit vers la sortie.

SARAH
À demain, Juliette.

L'HABILLEUSE
Mais, madame, il y a un rappel !

SARAH, *partant*
Il y en aura aussi demain !

L'HABILLEUSE
Mais, madame, vous êtes encore en costume !

SARAH, *partant*
Ah, la paix !

78. Salle, théâtre de la Porte-Saint-Martin

Sarah Bernhardt entre dans la salle, alors que le public applaudit à tout rompre. Elle s'approche d'Honoré.

SARAH
Monsieur, cette place, est-elle libre ?

Honoré lui fait signe. Elle s'assied, comme une reine.

SARAH
Où en sommes-nous ?

MONSIEUR HONORÉ
Il reste encore un acte.

SARAH
Ah, tant mieux. Tant mieux. *(Honoré la scrute attentivement.)*... Oui, oui, c'est bien moi, Sarah Bernhardt, et après ?

MONSIEUR HONORÉ, *calme*
Vous marchez sur mon pied.

SARAH, *retirant son pied*
Oh ! Pardon !

Des cloches se mettent à sonner. Le public pousse un soupir de contentement.
Le rideau s'ouvre. Sur un couvent.

79. Scène, théâtre de la Porte-Saint-Martin

Couvent des Dames de la Croix, 1655. Les cloches sonnent. Un vent d'automne balaie les feuilles mortes. Quelques « religieuses » des « Belles Poules » passent, en procession. Jeanne/Roxane, assise sur un banc, a désormais trente-cinq ans. Coquelin/Cyrano s'avance dans la cour, péniblement, en s'appuyant sur une canne.
Il porte, à la tête, un grand bandage, dissimulé sous son chapeau.

JEANNE/ROXANE
Depuis quatorze années, pour la première fois en retard !

COQUELIN/CYRANO, qui est parvenu au fauteuil et s'est assis
Oui, c'est fou ! J'enrage. Je fus mis en retard, vertuchou !...

JEANNE/ROXANE
Par ?

COQUELIN/CYRANO
Par une visite assez inopportune.

JEANNE/ROXANE
Ah ! oui ! quelque fâcheux ?

COQUELIN/CYRANO
Cousine, c'était une Fâcheuse.

JEANNE/ROXANE
Vous l'avez renvoyée ?

COQUELIN/CYRANO
Oui, j'ai dit :
Excusez-moi, mais c'est aujourd'hui samedi,
Jour où je dois me rendre en certaine demeure ;
Rien ne m'y fait manquer : repassez dans une heure !

JEANNE/ROXANE, légèrement
Eh bien ! cette personne attendra pour vous voir
Je ne vous laisse pas partir avant ce soir.

COQUELIN/CYRANO, *avec douceur*
Peut-être un peu plus tôt faudra-t-il que je parte.
(Il ferme les yeux. Sa tête tombe. Silence.)

JEANNE/ROXANE, se levant, effrayée
Il est évanoui ? (Elle court vers lui en criant :) *Cyrano !*

COQUELIN/CYRANO, rouvrant les yeux, d'une voix vague
Qu'est-ce ?... Quoi ?... Non ! non ! je vous assure,
Ce n'est rien. Laissez-moi !

JEANNE/ROXANE
Pourtant...

COQUELIN/CYRANO
C'est ma blessure d'Arras... qui... quelquefois... vous savez...

JEANNE/ROXANE
Pauvre ami !

COQUELIN/CYRANO
Mais ce n'est rien. Cela va finir. (Il sourit avec effort.) *C'est fini.*

JEANNE/ROXANE, *debout près de lui*
Chacun de nous a sa blessure : j'ai la mienne.
(Elle met la main sur sa poitrine.)
Toujours vive, elle est là, cette blessure ancienne.

Le crépuscule commence à venir.

COQUELIN/CYRANO
Sa lettre !... N'aviez-vous pas dit qu'un jour, peut-être,
Vous me la feriez lire ?

JEANNE/ROXANE
Ah ! vous voulez ?... Sa lettre ?

COQUELIN/CYRANO
Oui... Je veux... Aujourd'hui...

JEANNE/ROXANE, lui donnant le sachet pendu à son cou
Tenez !

COQUELIN/CYRANO, le prenant
Je peux ouvrir ?

JEANNE/ROXANE
Ouvrez... lisez !...

COQUELIN/CYRANO, lisant
Roxane, adieu, je vais mourir !...

JEANNE/ROXANE, s'arrêtant, étonnée
Tout haut ?

COQUELIN/CYRANO, lisant
C'est pour ce soir, je crois, ma bien-aimée !
J'ai l'âme lourde encor d'amour inexprimée...

JEANNE/ROXANE
Comme vous la lisez, sa lettre !

COQUELIN/CYRANO, continuant
... et je voudrais crier...
(La nuit vient insensiblement.)
Et je crie : Adieu !...

JEANNE/ROXANE
Vous la lisez...

COQUELIN/CYRANO
Ma chère, ma chérie, mon trésor...

JEANNE/ROXANE, rêveuse
D'une voix...

COQUELIN/CYRANO
Mon amour !...

JEANNE/ROXANE
D'une voix... (Elle tressaille.)
Mais... que je n'entends pas pour la première fois !
(Elle s'approche tout doucement, l'ombre augmente.)

COQUELIN/CYRANO
Mon cœur ne vous quitta jamais une seconde,
Et je suis et serai jusque dans l'autre monde
Celui qui vous aima sans mesure, celui...

JEANNE/ROXANE, lui posant la main sur l'épaule
Comment pouvez-vous lire à présent ? Il fait nuit.
(Il tressaille, se retourne, la voit là tout près, baisse la tête.)
Et pendant quatorze ans, il a joué ce rôle
D'être le vieil ami qui vient pour être drôle !

COQUELIN/CYRANO
Roxane !

JEANNE/ROXANE
C'était vous.

COQUELIN/CYRANO
Non, non, Roxane, non !

JEANNE/ROXANE
C'était vous. Vous m'aimiez !

COQUELIN/CYRANO
Non, non, mon cher amour, je ne vous aimais pas !

JEANNE/ROXANE
Alors pourquoi laisser ce sublime silence se briser aujourd'hui ?

COQUELIN/CYRANO
Pourquoi ?

Il se découvre : on voit sa tête entourée de linges ensanglantés. Arrivent en courant Le Bret, Ragueneau et quelques sœurs.

LE BRET
Quelle imprudence ! Ah ! J'en étais bien sûr ! Il est là !

COQUELIN/CYRANO
Tiens, parbleu !

LE BRET
Il s'est tué, madame, en se levant !

COQUELIN/CYRANO
… *Et samedi, vingt-six, une heure avant dîner*
Monsieur de Bergerac est mort assassiné.

Cyrano s'effondre : Ragueneau et Le Bret le retiennent.

COQUELIN/CYRANO
Ne me soutenez pas ! Personne ! Rien que l'arbre !

Cyrano trouve la force de s'appuyer sur l'arbre. Roxane lui tient la main.
La foule l'entoure alors, comme un cercle d'auditeurs.

COQUELIN/CYRANO, murmurant
Philosophe, physicien,
Rimeur, bretteur, musicien,
Et voyageur aérien,
Grand riposteur du tac au tac,
Amant aussi – pas pour son bien ! –
Ci-gît Hercule-Savinien
De Cyrano de Bergerac
Qui fut tout, et qui ne fut rien.
Mais il y a quelque chose que j'emporte.

Quelque chose que sans un pli, sans une tache,
J'emporte malgré vous, et c'est…

JEANNE/ROXANE, se penchant sur lui
C'est ?

COQUELIN/CYRANO
… *Mon panache !*

Le rideau tombe, dans le silence le plus total.

80. Coulisses, théâtre de la Porte-Saint-Martin

Sur scène, derrière le rideau, tous les acteurs attendent la sentence.
Puis le public éclate en une immense ovation.
Edmond et Coquelin se prennent dans les bras.

COQUELIN
Un triomphe ! Qu'est-ce que je vous disais ?

EDMOND
Merci, Coquelin !

COQUELIN, *modeste*
Allons ! *(À Jeanne.)* Jeanne, allez chercher Maria, vite, remontez-la !

JEANNE, *vivement*
Oui, monsieur Coquelin !
(Elle sort.)

Sarah entre en coulisses, avec Monsieur Honoré, et Feydeau.

SARAH, *entrant*
Edmond ! Mon Edmond ! Mon poète-chéri.

FEYDEAU, *le prenant au bras*
Ah ! Edmond. C'était… C'était… C'était…

EDMOND
C'était ?

FEYDEAU, *aux anges*
Tout ça, oui ! Et bien plus, encore !

CLARÉTIE
Coquelin !

COQUELIN
Ah. C'est Clarétie.

CLARÉTIE
La loi est la loi, Constant. Je suis venu avec le préfet.

COQUELIN
Jules, écoute-moi…

CLARÉTIE, *les yeux rouges*
Tu n'auras le droit de jouer dans un autre théâtre… que si c'est pour jouer *Cyrano* !

COQUELIN, *souriant*
Alors je le jouerai jusqu'à la mort.

MONSIEUR HONORÉ
Rappel, mes amis, rappel !

Ils repartent saluer.

CLARÉTIE
Monsieur Rostand, venez me voir, avec la prochaine.

EDMOND
Merci, monsieur. *(Puis, lorsqu'il est reparti :)* Mais non, merci !

JEANNE, *entrant avec Maria*
Par ici, madame, par ici !

MARIA, *dans les vapes*
La pièce est commencée ?

JEANNE
Terminée, madame, terminée !

COQUELIN, *à Maria*
Bravo, Maria, bravo ! Quel talent !

MARIA
Ah ? Merci… Merci…

MONSIEUR HONORÉ
Monsieur Coquelin, je vous tire mon chapeau. Vous êtes un brave.

COQUELIN, *lui serrant la main*
Et monsieur s'y connaît en bravoure.

Les Floury les rejoignent, en coulisses, pleurant à chaudes larmes.

MARCEL, *pleurant*
Un triomphe ! Un triomphe !

ANGE, *pleurant*
Maria ! C'était merveilleux ! Comme vous étiez belle !

Léo saisit une rose parmi celles qui ont été jetées sur le plateau, et retient Jeanne par le bras.

LÉO, *la rose à la main*
Jeanne ! (Récitant :) *Vous, dont chaque pas touche à la grâce suprême…*

Elle l'interrompt en l'embrassant, passionnément, emportée par la fièvre qui court. Suzon et Jean les aperçoivent.

SUZON
Et moi, mon mari, ai-je mérité un baiser ?

JEAN
Oh oui !

Suzon embrasse Jean à pleine bouche.
Ange le voit, et embrasse Maria.
Marcel le voit, et embrasse Maria à son tour.
Coquelin les voit, et se retourne vers Honoré, gêné.

LUCIEN
ON Y RETOURNE ! ON Y RETOURNE !

Léo regarde Jeanne, un instant sous le choc, et retourne saluer, avec les autres. On entend la clameur monter : « Ros-tand ! Ros-tand ! »
Jeanne, la rose à la main, est restée en coulisses. Elle se retourne vers Edmond.

JEANNE
Ils vous appellent.

Edmond est d'abord gêné qu'elle l'ait vu.

EDMOND
… C'est vous qu'ils acclament.

JEANNE
Moi, je ne suis rien. Je suis un courant d'air. Demain, je pars.

EDMOND
Restez.

JEANNE
On m'a proposé un poste, chez Méliès. Je ferai les costumes. Qui sait, je parviendrai même peut-être à y trouver un rôle.

EDMOND
Restez.

JEANNE
Ne vous inquiétez pas, Mademoiselle Legault sera une très belle Roxane.
Et je serai là, à chacune de vos pièces, dans l'ombre.

EDMOND
Vous serez sur scène. Dans chacune de mes héroïnes.

LUCIEN
QUATORZE RAPPELS !

JEANNE
Allez-y, c'est vous qu'ils réclament. Merci, merci pour tout. *(Elle lui prend la main.)* Merci pour votre

gentillesse, pour votre patience, et pour m'avoir permis, ce soir, de tutoyer les anges.

EDMOND

Jeanne…

Elle se penche et l'embrasse sur les lèvres.

EDMOND

Encore un merci ?

JEANNE

Merci, merci, merci… d'avoir écrit *Cyrano*.

Elle s'enfuit, elle est partie. La foule acclame, ils sont debout.
Dans la main d'Edmond reste la rose de Jeanne.

ROSE

Et ce baiser ? Tu l'as refusé ?

Edmond se retourne sur Rosemonde, qui l'observe, dans l'embrasure d'une porte.
Ses yeux sont rouges d'avoir tant pleuré.

EDMOND, *paniquant*

Je t'en prie, ma chérie, crois-moi, ce n'était qu'un merci… et un adieu.

ROSE*, s'avançant vers lui*
Comme je la comprends ! *(Elle l'embrasse passionnément.)* J'ai tant pleuré, mon amour, tant pleuré…

EDMOND
Je te demande pardon…

ROSE
De bonheur ! Qu'il est doux d'aimer ainsi un homme et sa maîtresse…

EDMOND*, paniquant à nouveau*
Et sa maîtresse ?

ROSE, *montrant le public*
… La Gloire ! Va, mon aimé, va donc goûter à son baiser.

EDMOND*, allant vers elle*
Je préfère le tien, ma Rose.

ROSE
Va ! Elle te réclame ! Comment être jalouse, désormais ? Ce soir, j'étais la femme de l'auteur de ce chef-d'œuvre, cette nuit il dormira avec moi.

EDMOND
Cette nuit et toutes les autres nuits.

Ils s'embrassent tendrement.

LUCIEN

QUINZE RAPPELS !

ROSE

Va saluer, mon poète.

Edmond, très digne, se retourne vers la salle, et entre en scène avec les acteurs pour saluer, dans la lumière. Dans la main de Rosemonde, il a laissé la rose.
Tandis que les acteurs saluent, de dos, Monsieur Honoré s'approche de l'avant-scène.

MONSIEUR HONORÉ

Nous sommes le 27 décembre 1897.
Après quarante rappels, on se décidera à laisser le rideau ouvert.
Les acteurs seront portés en triomphe dans les rues de Paris.
Dans trois jours, Edmond Rostand recevra la Légion d'honneur.
Dans le siècle à venir, *Cyrano* sera joué plus de vingt mille fois, devenant ainsi le plus grand succès du théâtre français.
Mais pour l'heure, nous sommes le 27 décembre 1897, à Paris, et les acteurs saluent.

Les acteurs ont rejoint Monsieur Honoré.
Ils saluent, de face, tandis que se fait le noir.

Edmond a été créée le 15 septembre 2016,
au théâtre du Palais-Royal,
dans une mise en scène de l'auteur
et a reçu le prix Théâtre
de la Fondation Diane et Lucien Barrière.

La pièce a été couronnée de 5 Molières en 2017 :

Meilleur spectacle de théâtre privé
Meilleur comédien dans un second rôle
– Pierre Forest
Révélation masculine – Guillaume Sentou
Meilleur metteur en scène d'un spectacle
de théâtre privé – Alexis Michalik
Meilleur auteur francophone vivant
– Alexis Michalik

La distribution était la suivante :

Anna Mihalcea
Rosemonde, Rosine

Christian Mulot
Ange, Clarétie, Antoine Lumière, le vieux critique, le client raciste, Carbon, un journaliste, Lignière, le chauffeur

Edmond

Christine Bonnard
Maria, Jacqueline, l'habilleuse

Guillaume Sentou
Edmond

Jean-Michel Martial
Monsieur Honoré, le vieux cabot, un journaliste

Kevin Garnichat
Léo, un spectateur, un cadet

Nicolas Lumbreras
Feydeau, Méliès, Lucien, Maurice Ravel, Tchekhov, le contrôleur

Pierre Bénézit
Marcel, le costumier, le directeur, le réceptionniste

Pierre Forest
Coquelin, Stanislavski

Régis Vallée
Jean, Courteline, l'employé de la gare, l'huissier

Stéphanie Caillol
Jeanne, Marceline

Valérie Vogt
Sarah Bernhardt, la vieille actrice, la serveuse, Suzon

Du même auteur :

LE CERCLE DES ILLUSIONNISTES, Les Cygnes, 2014

LE PORTEUR D'HISTOIRE, Les Cygnes, 2012

INTRA MUROS, Les Cygnes, 2017